십대를 위한 유쾌한 토론교과서

토론 실력을 키워주는 과학적이고 독특한
이 책의 특징

특징 1 학원에서도 알려주지 않는 꼼수를 만화로 설명한다

토론을 가르쳐주는 학원에서조차 '진짜 논리력'과 잘못된 논리인 '꼼수'를 구별해서 가르쳐주지 않는다. 그리고 토론과 논리를 다룬 이론서들은 10대들이 읽기에 너무 어렵기만 하다. 이 책은 토론에서 흔히 쓰는 꼼수를 만화로 정리해 설명한다.

꼼수를 이길 수 있는 토론 법칙 7가지를 책의 앞쪽에 제시한 다음 실전에서 사용할 수 있도록 하고 있다. 법칙 ①부터 법칙 ⑦까지 여러 번 반복해서 활용할 수 있어 학습의 효과를 몸으로 체득할 수 있다.

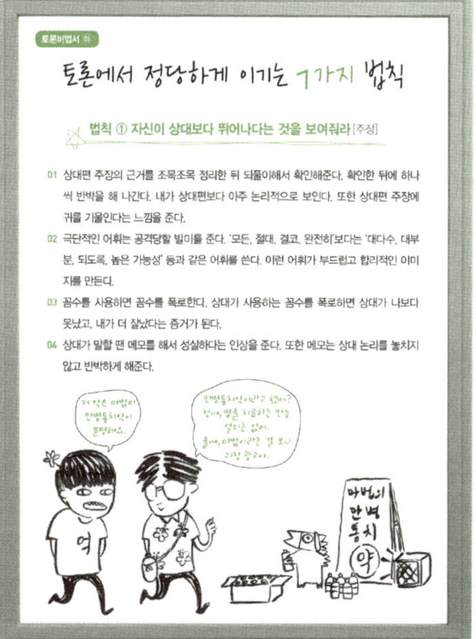

토론비법서 하

토론에서 정당하게 이기는 7가지 법칙

법칙 ① 자신이 상대보다 뛰어나다는 것을 보여줘라 [주장]

01 상대편 주장의 근거를 조목조목 정리한 뒤 되풀이해서 확인해준다. 확인한 뒤에 하나씩 반박을 해 나간다. 내가 상대편보다 아주 논리적으로 보인다. 또한 상대편 주장에 귀를 기울인다는 느낌을 준다.

02 극단적인 어휘는 공격당할 빌미를 준다. '모든, 절대, 결코, 완전히'보다는 '대다수, 대부분, 되도록, 높은 가능성' 등과 같은 어휘를 쓴다. 이런 어휘가 부드럽고 합리적인 이미지를 만든다.

03 꼼수를 사용하면 꼼수를 폭로한다. 상대가 사용하는 꼼수를 폭로하면 상대가 나보다 못났고, 내가 더 잘났다는 증거가 된다.

04 상대가 말할 땐 메모를 해서 성실하다는 인상을 준다. 또한 메모는 상대 논리를 놓치지 않고 반박하게 해준다.

법칙 ② 구체적인 사례와 통계를 활용하라 [귀납법]

01 주위에서 겪었던 구체적인 사례를 제시하여 내 주장의 타당성을 증명한다.

02 역사나 과거에 벌어진 사건을 사용한다. 역사는 이미 확인된 진실이므로 똑같은 상황에서도 같은 결과가 빚어진다는 점을 증명하는 위력적인 설득 수단이다.

03 통계는 수많은 사람들이 한 경험과 상황을 축적한 자료다. 상대를 설득하는 데 있어 통계는 아주 좋은 수단이다.

04 상대가 구체적인 사례를 제시하면 보편적인지 여부를 판단한다. 사회 현상에는 항상 예외가 존재한다. 어떤 예외도 존재하지 않는 건 과학밖에 없다. 상대편의 상황이 보편적인 상황과 맞는지를 확인하고, 이를 공격한다.

05 상대가 역사적 사건을 사용하면 그게 지금 상황과 맞는지 여부를 판단한다.

06 상대가 통계를 제시하면 통계의 신뢰성을 무너뜨린다. 특히 학생들은 신뢰할 만한 출처를 제시하지 못하는 경우가 많으므로 이를 공격한다. 제대로 출처를 밝힐 경우 통계가 지닌 한계를 보여준다.

특징 3 구체적인 사례를 통해 토론에서 승리하는 법칙을 익힌다

이 책은 단순히 '이렇게 하면 토론에서 이긴다'고 설명하며 끝나지 않는다. 토론 법칙을 실제 토론에서 어떻게 사용하는지 아주 세밀하게 보여준다. 이 책은 실전 토론을 위한 교과서다.

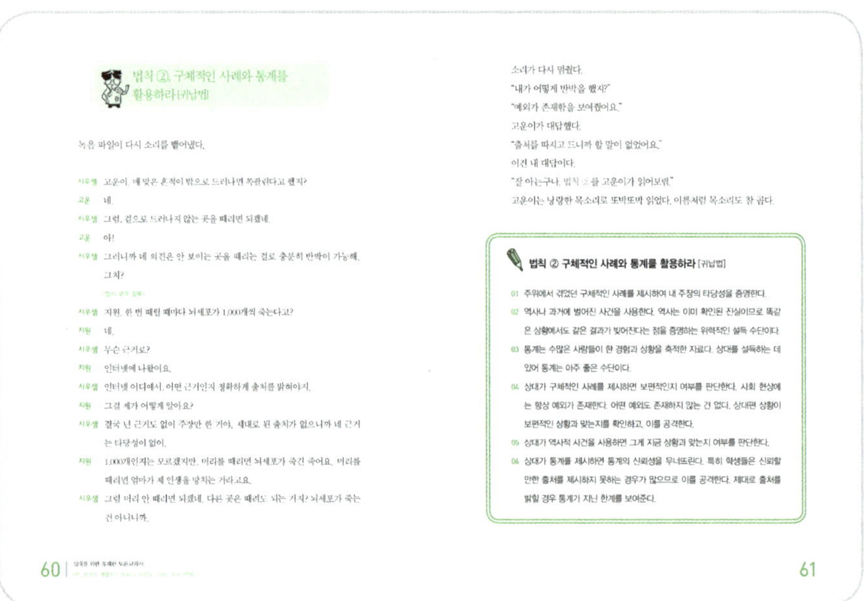

특징 4 반복 학습의 효과를 극대화한다

토론 법칙은 한 번 보아서는 습득할 수 없다. 반복하여 읽어야 한다. 이 책은 한 번 알려준 법칙을 여러 번 반복해서 보여준다. 같은 법칙이 적게는 3~4번, 많게는 수십 번 반복되기 때문에 책을 읽기만 해도 반복 학습 효과가 저절로 나타난다.

특징 5 소설이기 때문에 재미있게 읽으면서 법칙을 익힌다

이 책은 소설이다. 소설이므로 재미있게 읽으면 저절로 토론 법칙을 익히게 된다. 토론 법칙과 구체적인 적용 사례를 딱딱한 설명이 아닌 소설 형식으로 구성했다. 토론 대회를 준비하고, 실제 토론 대회에서 우승하기까지 실감나는 토론들이 펼쳐진다.

차례

상대를 제압하고 토론을 승리로 이끄는 토론 비법

토론에서 흔히 쓰는 나쁜 꼼수 20가지

꼼수 ① 협박하기

꼼수 ② 나쁜 사람으로 만들기

꼼수 ③ 이익과 손해를 따지게 만들기

꼼수 ④ 상대의 현실을 이용해 공격하기

 # 트집을 잡아 공격하기

선생님,
숙제가 너무 많아요.

너희들 지금 숙제 안 하겠다는 거야?
숙제가 얼마나 중요한지 몰라?

선생님

저흰 그냥 숙제가
많단 얘기만
했을 뿐인데……

선생님은 너희가
하지도 않은 주장을
했다고 말하고,
그걸 공격했어.

꼼수 ⑥ 선택을 단순화시켜 양자택일을 요구하기

꼼수 ⑦ 나쁜 사람과 똑같은 주장을 한다고 몰아붙이기

꼼수 ⑧ 권위를 이용하기

새치기는 나빠요.
할아버지, 새치기하시면 안 되죠.

너 몇 살이야? 어린 게 버릇없이!
나이가 많다는 점, 즉 권위를 이용하는 꼼수야.

부모님도 종종 '어디 부모한테 대들어?' 하면서 제가 말도 못 꺼내게 하세요.
부모님께 예의는 지켜야지. 그리고 논리로만 따지면 누구 말이든 상관없이 말 내용이 옳고 그른지를 따져야 해.

꼼수 ⑨ 어려운 단어나 지식을 늘어놓기

난, 못해!
남자가 소심하긴!

하여튼 우리 반 남자 애들은 전부 소심하다니까.
아니, 왜 나까지? 난 아냐!

이런 걸 성급한 일반화라고 해. 하나의 사례를 성급하게 모두에게 적용하는 꼼수지.
맞아요. 성급해요.
앗! 성급한 실수!

꼼수 ⑪ 하나의 사례로 모든 주장을 부정하기

엄마가 꼼수를 썼어. 하나의 사례로 전체 주장이 다 틀렸다고 부정해버렸거든.

내가 할 시간이야!
야! 빨리 비켜!
이게! 누나 말 안 듣고!
퍽
민희 누나는 동생한테 엄청 잘해준다는데, 누난 왜 그래?
그건 민희가 이상한 거야.
네가 타당한 예를 제시하니까 그건 예외적인 경우라고 무시해 버렸구나.
민희 누나랑 저희 누나를 바꾸면 안 될까요?

꼼수 ⑬ 현실성이 없다고 몰아붙이기

꼼수 ⑭ 극단적인 예를 들어 논리를 전개하기

꼼수 ⑮ 상대의 약점만 파고들기

상대의 실수 하나로 주장 전체를 부정하기

누나가 너보다 나이 많지?
끄덕끄덕
나이 많은 사람 존중해야 돼? 안 해야 돼?
존중해야지.
리모컨 쟁탈전!
그 봐. 너도 인정했잖아. 그러니까 리모컨은 내 거야.
그 말이 틀린 건 아니지. 문제는 네가 일부 인정한 사실을 바탕으로 누나가 자기 주장 전체를 옳다고 해 버렸다는 거야.
나이 많은 사람 존중해야 한다고 괜히 인정했어요.

꼼수 ⑱ 잘못된 연역법을 사용해 논리를 전개하기

엄마, 용돈 좀 올려줘요.
지난 주에 무려 50%나 올려줬었잖아.
1000₩
↓
1500₩
아니, 겨우 500원 올려줬잖아요.
애 좀 봐. 50%나 인상해 주었더니 이제 와서 딴소리야.
50%
일주일 용돈을 겨우 500원 올려주고는 많이 올려주었다니.
50%
500
엄마는 50%나 올려줬다고 하고, 넌 겨우 500원 올려줬다고 하고. 서로 자기한테 유리한 통계만 사용하네.

꼼수 ⑳ 상대의 주장에 증거가 없다면
자신의 주장이 옳다고 하기

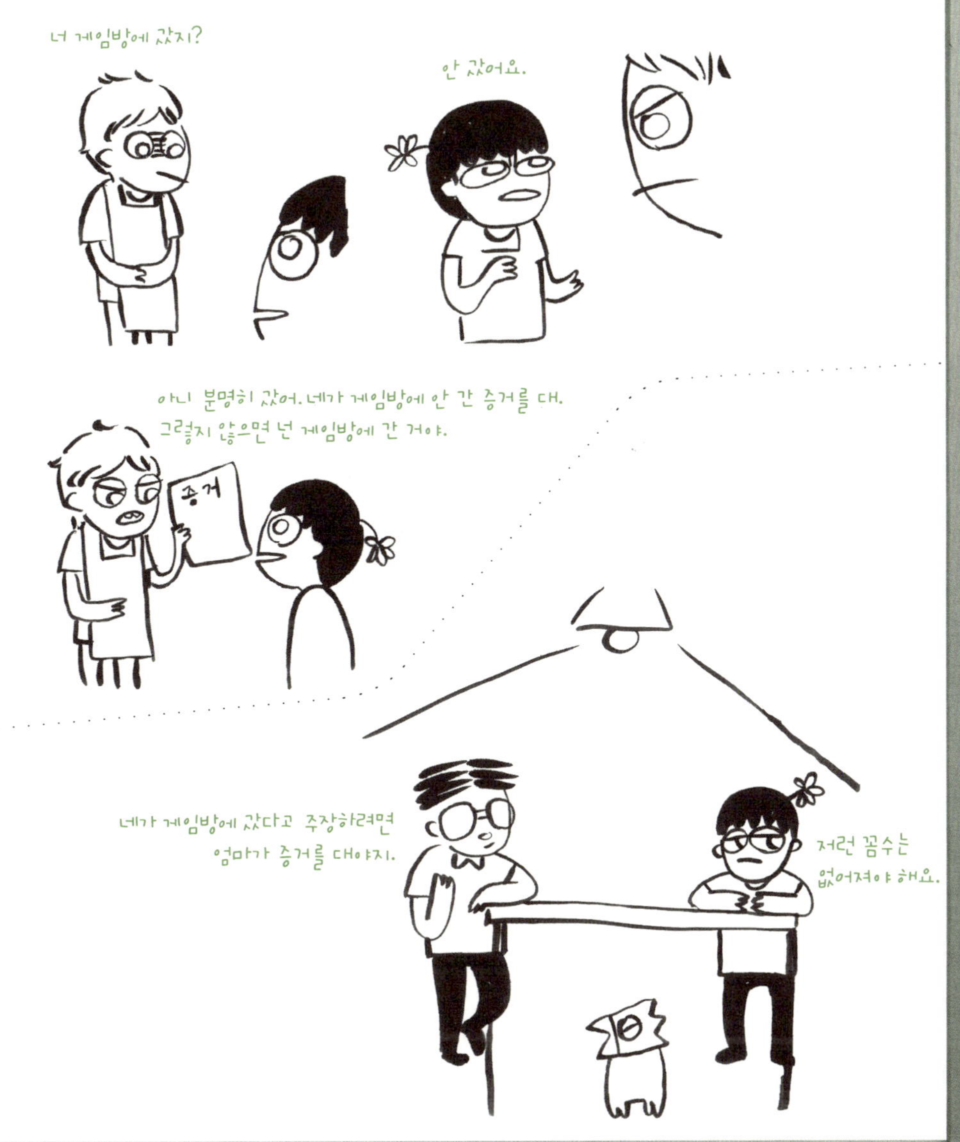

꼼수를 알면 상대가 꼼수를 사용했을 때 적절하게 방어하는 능력이 생긴다.

꼼수만으로는 토론에서 승리하지 못한다. 토론에서 제대로 이기려면 「토론비법
서 하」를 익혀야 한다. 이제 「토론에서 정당하게 이기는 7가지 법칙」(「토론비법서 하」)을
알아보자.

토론에서 정당하게 이기는 7가지 법칙

⭐ 법칙 ① 자신이 상대보다 뛰어나다는 것을 보여줘라 [주장]

01 상대편 주장의 근거를 조목조목 정리한 뒤 되풀이해서 확인해준다. 확인한 뒤에 하나씩 반박을 해 나간다. 내가 상대편보다 아주 논리적으로 보인다. 또한 상대편 주장에 귀를 기울인다는 느낌을 준다.

02 극단적인 어휘는 공격당할 빌미를 준다. '모든, 절대, 결코, 완전히'보다는 '대다수, 대부분, 되도록, 높은 가능성' 등과 같은 어휘를 쓴다. 이런 어휘가 부드럽고 합리적인 이미지를 만든다.

03 꼼수를 사용하면 꼼수를 폭로한다. 상대가 사용하는 꼼수를 폭로하면 상대가 나보다 못났고, 내가 더 잘났다는 증거가 된다.

04 상대가 말할 땐 메모를 해서 성실하다는 인상을 준다. 또한 메모는 상대 논리를 놓치지 않고 반박하게 해준다.

법칙 ② 구체적인 사례와 통계를 활용하라 [귀납법]

01 주위에서 겪었던 구체적인 사례를 제시하여 내 주장의 타당성을 증명한다.

02 역사나 과거에 벌어진 사건을 사용한다. 역사는 이미 확인된 진실이므로 똑같은 상황에서도 같은 결과가 빚어진다는 점을 증명하는 위력적인 설득 수단이다.

03 통계는 수많은 사람들이 한 경험과 상황을 축적한 자료다. 상대를 설득하는 데 있어 통계는 아주 좋은 수단이다.

04 상대가 구체적인 사례를 제시하면 보편적인지 여부를 판단한다. 사회 현상에는 항상 예외가 존재한다. 어떤 예외도 존재하지 않는 건 과학밖에 없다. 상대편의 상황이 보편적인 상황과 맞는지를 확인하고, 이를 공격한다.

05 상대가 역사적 사건을 사용하면 그게 지금 상황과 맞는지 여부를 판단한다.

06 상대가 통계를 제시하면 통계의 신뢰성을 무너뜨린다. 특히 학생들은 신뢰할 만한 출처를 제시하지 못하는 경우가 많으므로 이를 공격한다. 제대로 출처를 밝힐 경우 통계가 지닌 한계를 보여준다.

법칙 ③ 객관적인 논리를 활용하라 [연역법]

01 연역법 X→Y, M⊂X, M→Y

X→Y를 대전제라 하고, M⊂X를 소전제라 한다. 대전제와 소전제가 맞으면 M→Y라는 결론은 무조건 타당하다. 연역법은 강력한 설득 방법이며, 일상에서도 알게 모르게 흔히 쓰는 방법이다.

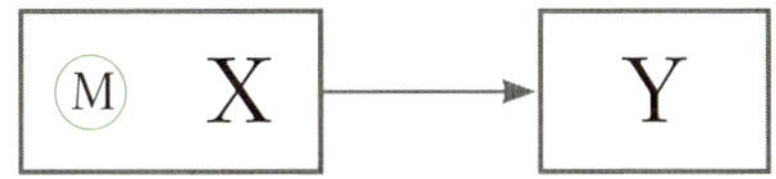

A→B, B→C, A→C 로 기억하는 3단 논법도 연역법이다. 첫 번째, 두 번째가 순서만 바뀌었을 뿐이다. 그림을 그려보면 우리가 아는 3단 논법이 똑같은 연역법임이 드러난다.

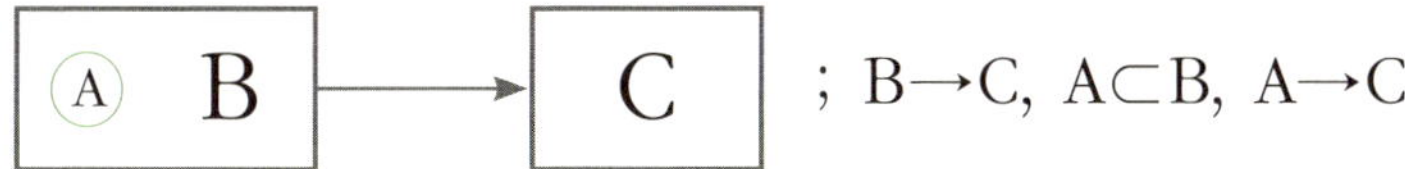

02 상대가 연역법을 사용하면 X→Y 또는 M⊂X 부분이 타당한지 따진다. 전제를 무너뜨리면 결론은 자연스럽게 무너진다.

03 토론에서는 연역법을 사용하면서도 실제로 사용하는지 모르고 사용하는 경우가 많다. 이때 상대의 주장에 숨어 있는 전제조건을 찾아내 공략한다. 숨은 전제조건에는 허점이 있기 마련이다.

04 논리는 논리일 뿐 현실과 다른 경우가 많다. 논리가 완벽하면 현실성이 있는지 여부를 따진다.

* ⊂ : 집합 기호 중의 하나다. A⊂B는 '집합 A의 모든 원소가 다른 집합 B의 원소가 될 때 A는 B에 포함된다' 또는 'B는 A를 포함한다'고 한다. 그리고 A는 B의 부분집합이다.

법칙 ④ 상대의 말을 활용해 상대를 제압하라 [활용]

01 상대가 사용했던 논리를 그대로 사용해 상대를 공격한다. 상대의 칼을 이용해 상대를 공격하는 술법이다.

02 상대가 이미 말했던 논리와 사례를 활용해 상대를 공격한다. 이때 상대가 앞서 한 말과 나중에 한 말이 일관성이 없다는 점을 보여준다. 물론 이렇게 해도 내 주장이 타당함을 증명하지는 못한다. 단지 상대편이 일관성이 없으며 신뢰할 만한 주장이 아니라는 점만 보여줄 뿐이다.

법칙 ⑤ 토론의 틀을 장악하라 [쟁점]

01 토론의 쟁점을 자신이 유리한 쪽으로 만든다. '토론의 주도권을 쥐라'는 뜻이다. 나의 강점과 상대의 약점이 부딪쳐야 승리할 가능성이 높다.

02 내 장점을 끝까지 놓치지 말고 유지한다. 상대의 약점은 집요하게 파고든다.

03 토론에 사용하는 용어는 자신에게 유리한 쪽으로 정의한다. 단어의 정의를 유리하게 내려야 토론의 주도권을 장악하게 되고, 그것이 내게 유리한 틀을 만든다.

04 쟁점이 팽팽하게 맞설 경우, 자신에게 유리한 새로운 쟁점을 만들어 낸다.

 법칙 ⑥ 비슷한 상황이나 조건을 근거로 주장을 펼쳐라 [유추]

01 유비추론(유추)은 두 상황이나 조건이 비슷한 걸 이용해 논리를 펼치는 방식이다. 유비추론을 적절히 사용하면 자질구레한 설명보다 확실한 설득력을 발휘한다. 더욱이 적절한 유비추론은 웃음을 유발하여 긴장을 누그러뜨리고 평가자들이 내게 호감을 지니게 만든다.

02 유비추론은 기본적으로 비슷한 점을 근거로 한 것이지, 똑같은 상황은 아니다. 따라서 상대가 유비추론을 사용하면 그 유비추론에서 사용한 비슷한 점의 정당성을 공격한다.

03 유사성이란 근본적으로 부분적 유사성이다. 따라서 부분적 유사성이 지닌 한계점을 파고든다.

01 사람들은 타협을 좋아하고, 아량이 넓은 사람에게 호감을 보인다. 상대의 주장을 받아들이면서 한 걸음 더 나아가는 논리를 제시한다.

02 상대의 장점을 인정한다. 상대의 의견을 받아들인다. 그리고 상대의 장점보다 내 장점이 더 크고, 많다는 점을 강조한다. 서로의 장점을 견줘서 더 많은 쪽을 선택해야 합리적이다.

03 상대의 장점을 인정한 뒤 타협한다. 그리고 상대의 주장을 내 주장으로 끌어들여서 한 걸음 더 나아가는 주장을 펼친다. 이때 내 주장을 중심에 두고 상대 의견을 덧붙이는 방식을 사용한다.

04 토론할 때 상대를 지나치게 공격하지 않는다. 상대 의견을 존중하는 태도는 토론의 기본이다. 상대 의견을 일정 부분 수용하는 태도를 취한다. 따라서 토론을 할 때는 상대 의견을 부정하는 '하지만, 그런데'와 같은 접속사보다는 '그리고'를 사용한다.

토론에서 이기는 첫걸음, 꼼수 파헤치기

"이거, 제발 줘."

"안 돼."

나는 중학교 1학년 박지원이다. 나는 눈앞으로 다가온 토론 대회에서 승리하기 위해 친구들과 함께 시우샘을 찾았다.

"제발 줘."

"안 된다고 했잖아."

열심히 토론 승리법을 배워도 부족할 판에 지인이와 고운이는 고래고래 소리질러가며 싸웠다. 시우샘이 싸움을 말려주면 좋을 텐데 둘이 싸우는 건 아랑곳하지 않고 프린터 앞에서 느릿느릿 나오는 종이를 한 장씩 챙겼다.

"야, 정말 갖고 싶어. 제발 주면 안 될까?"

"네가 아무리 졸라도 절대 안 줄 거야. 죽을 때까지 안 줄 거야."

'절대 안 준다'도 아니고 '죽을 때까지 안 준다'니……. 도대체 저 스티커 한 장이 뭐라고 목숨까지 거는지, 아이돌을 미친 듯이 좋아하는 여자애들은 정말 외계인 아니면 돌연변이다.

"너~ 정말 계속 그러면 스마트폰 부숴버린다."

고운이가 책상 위에 놓인 지인이 스마트폰을 움켜쥐면서 협박을 한다. 아니! 고운이에게 저런 면이? 내가 아는 고운이는 절대 그럴 아이가 아닌데……. 그나저나 고운이가 팍! 하고 스마트폰을 박살내면 정말 멋지겠군. 스마트폰이 박살나기를 내심 바라기는 했지만, 그러다가는 토론 대회 우승상금도 함께 박살난다. 물론 우승상금으로 여름에 다 같이 워터파크에 가자는 소망도 함께 산산이 부서지겠지(고운이를 향한 내 생각도 함께 부서질지도 모른다).

"그랬단 봐라."

지인이가 독기어린 눈으로 노려봤다. 저러다 사이가 완전히 틀어지면 큰일이다. 어떻게 결성한 토론 모둠인데 시작도 하기 전에 깨지면 빵 냄새만 맡고 빵은 구경도 못해본 꼴이 된다. 어떻게 해보라고 석규를 쳐다봤지만 석규는 무관심한 듯 시사주간지만 들여다봤다. 석규는 세상에 관심이 많다. 내가 잘 알아듣지 못하는 정치 얘기도 많이 안다. 그래서 토론 모둠을 함께 하자고 내가 끌어들였다. 그런데 세상에는 그렇게 관심이 많으면서 정작 자기 앞에서 벌어진 심각한 사회적 갈등엔 무관심하다니, 조금 이해가 안 갔다.

"야, 그러지 말고……. 좋아, 그럼 이거 주면 내가 가진 스티커 1장 줄게."

"됐어."

"그럼 2장 줄게."

"싫어."

협박이 안 통하니 고운이가 협상을 시도했다. 싸우지 않으니 다행이다.

"야! 넌 많으면서 너무 욕심쟁이 아냐?"

"너야말로 욕심쟁이잖아. 이미 하나 줬는데 또 달라고 하는 게 말이 돼?"

이런! 협상을 계속하는 게 좋은데, 또다시 말다툼이다. 다행스럽게도 그 순간 시우샘이 몸을 돌렸다. 거북이보다 느리지만 소리는 점보제트기 같았던 프린터가 마침내 임무를 완수했나 보다.

나는 말은 못하고 간절한 눈빛으로 어떻게 해보시라고 부탁을 드렸다. 시우샘은 알아들었는지, 못 알아들었는지 미소를 지으며 두 여전사를 보기만 했다.

"줘!"

"싫어!"

"제발 줘!"

"싫다고."

요구와 거절하는 소리가 점점 커졌다. 점점 걱정만 커졌다.

"이거 주면 아이스크림 다섯 번 사줄게."

"싫어."

다시 협상 시작, 다행이다.

"밥 다섯 번 사줄게."

"난, 밥 안 먹어도 돼."

"우리 엄마가 사주면 내 것까지 다 먹어."

"나, 돼지 아니거든."

와우! 스티커 하나 값으로는 엄청난 조건이었지만 지인이는 받아들이지 않았다. 아무리 좋아하는 아이돌 스타의 스티커라지만 저 정도 조건이면 받아들일만한데도 지인이는 끝까지 거부했다.

"네가 옛날부터 탐내던 모자도 줄게."

"모자?"

지인이 목소리 색깔이 바뀌었다. 고운이가 내건 조건이 꽤나 매력적인 모양이었다.

"좋아! 아쉽지만……. 그럼 너 이거 가져."

협상 타결, 다행이다. 정말 다행이다.

"너, 약속 잊지 마. 아이스크림, 밥, 모자 다 내놔."

"걱정 마."

시우샘은 고운이와 지인이가 맹렬하게 다툼을 벌인 스티커 사진을 보시더니 고개를 갸웃한 뒤에 물었다.

"난 웬만한 아이돌그룹은 아는데 모르는 얼굴이네. 신인그룹인가 봐?"

"아니에요. 데뷔일이 2011년 4월 23일이니까 꽤 됐어요."

"와우! 놀라운 기억력이네. 그 기억력을 공부하는 데 쓰면 굉장하겠다."

"엄마도 시우샘이랑 똑같은 소리를 늘 하세요."

고운이는 배시시 웃었다.

"스티커 얻어서 행복하니?"

"그럼요."

"밥이랑 모자를 대가로 지불해도?"

"당연하죠. 너무 행복해요."

지인이와 고운이는 언제 말다툼을 벌였냐는 듯 다정하게 앉아 스티커를 스마트폰에 붙이며 놀았다. 정말 둘 다 외계인 아니면 돌연변이가 틀림없다.

"와! 멋지다."

"진짜 잘 생겼지."

둘은 스마트폰을 나란히 앞에 두고는 흡족한 미소를 지었다. 시우샘은 피식 웃더니 프린트한 종이를 나눠줬다. 제목은 『토론비법서』였다. 한 장을 넘기니 「토론에서 흔히 쓰는 나쁜 꼼수 20가지」(이하 「토론비법서 상」)가 보였다. 20가지 방법을 만화로 설명해 놓았다. 몇 장을 넘기니 「토론에서 정당하게 이기는 7가지 법칙」(이하 「토론비법서 하」)이 보였다. 이번엔 글이 많았다. 글이 길어서인지 좀 어려운 느낌이 들었다. 난 『토론비법서』를 소중하게 챙겼다.

"토론 대회 나간다고 지원이와 함께 와서 도와달라고 해 놓고는 둘이 열나게 말싸움을 하니 솔직히 내가 조금 당황스러웠어."

"죄송해요. 하지만 너무 갖고 싶어서……."

"죄송할 것까진 없고. 자신이 좋아하는 사진을 두고 상대를 설득하기 위해 벌이는 논쟁이 인상 깊었어. 토론 승리 법칙을 익히는 출발점으로 더할 나위 없이 좋아.”

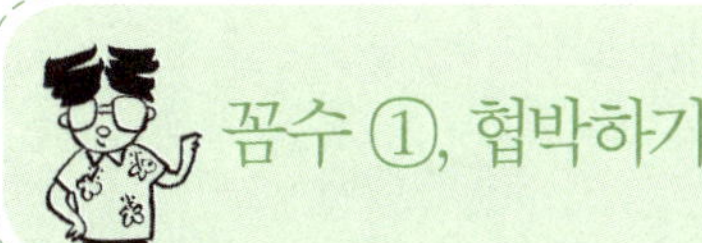

　내가 다니는 학교에서 토론 대회가 열린다. 제법 상금이 많이 걸려 있고, 우승 팀에게는 시교육청 토론 대회에 참가할 자격도 주어진다. 우리 넷은 친한 친구 사이인데 이번 여름에 워터파크에 놀러 가기로 했다. 원래는 용돈을 모아서 가려고 했는데 용돈만으로는 턱없이 부족했다. 부모님 눈치 보지 않고 놀러 가려면 돈이 필요했다. 마침 학교에서 토론 대회가 열린다는 공고가 났는데, 우승상금이 굉장히 많았다. 옳다구나 싶어서 참가 신청을 했는데, 우리가 토론 대회에 참가한 유일한 1학년이었다. 2, 3학년이 중심인 토론 대회에서 과연 우승을 할 수 있을까를 걱정하다가 나는 평소에 알고 지내던 시우샘에게 부탁을 했고, 시우샘은 흔쾌히 도와주겠다고 하셨다.

　“시우샘, 더할 나위 없이 좋은 출발이라니 무슨 뜻이죠?”

　항상 진지한 얼굴이어서 진지하지 않으면 무슨 안 좋은 일 있나 걱정하게 만드는 석규가 역시나 진지하게 물었다.

　“조금 전에 지인이와 고운이가 다투는 장면을 떠올려봐. 어때?”

　“황당하죠. 뭐 그런 걸로……”

　난 어이없음을 최대한 몸으로 표현하며 말했다. 하지만 말을 끝까지 끌고 가지는 못했다. 지인이와 고운이 눈에서 레이저가 발사됐기 때문이다. 레이저 광선에 맞은 나는 온몸이 녹아내리기 전에 얼른 말을 멈췄다.

“하하하, 겁먹기는……. 지인이와 고운이는 처음에 서로를 설득하기 위해 소리를 질렀어. 고운이는 원하는 걸 얻기 위해 소리를 질렀고, 지인이는 절대 안 된다는 점을 강조하기 위해 소리를 질렀지. 소리 지르기야말로 우리가 가장 처음 배우는 설득 방법이지.”

“그게 설득 방법이에요? 그건 떼쓰기잖아요?”

석규가 더욱 진지하게 질문했다.

“설득은 나와 다르게 생각하는 사람을 나와 같은 생각을 하도록 만드는 게 목적이야. 소리를 왜 지르겠어? 사람들은 소리가 크면 생각이 강렬하고 절실하다고 여겨. 소리의 크기와 간절함의 크기가 비례한다고 믿지. 또한 큰소리는 상대에게 위협을 주는 행위기도 해. 동물들이 적을 만났을 때 큰소리로 울부짖는 거랑 비슷하지. 따라서 소리 지르기도 설득하는 방법이야. 물론 좋은 방법은 아니지만.”

지인이와 고운이가 헛기침을 했다.

“소리 지르기가 안 통하니까 고운이가 어떤 방법을 썼지?”

“협상을 하지 않았나요?”

“협박을 했지.”

석규가 말한 협상이란 단어를 ‘협박’이란 단어로 고쳐주었다.

“스마트폰을 부숴버린다고 협박을 했어요.”

“맞아. 나도 들었어. 정말 엄청난 협박이지. 그리고 협박도 설득을 하는 수단이야. 힘이 강한 사람이 힘이 없는 사람을 설득할 때 가장 많이 사용하는 방법이기도 하지.”

맞아! 바로 그거다. 우리 엄마도 늘 그런다.

“아! 맞아요. 저희 엄마도 늘 저한테 협박해요. 성적 떨어지면 스마트폰 빼앗는다, 성적 떨어지면 게임 못한다, 용돈 줄여버린다, 너 지금처럼 공부 안 하면 나중에 거지된다……. 전부 협박이에요.”

“어른들이 늘 쓰는 수법이지.”

석규도 동의했다.

"선생님들도 마찬가지예요. 저희들에게 뭐라고 설명하지는 않고 무조건 협박하고 위협해요. 더 높은 위치란 이유만으로 무조건 복종하게 하죠. 이의를 제기해도 거의 받아주지 않아요."

지인이도 같은 의견이었다.

"맞아. 모두 같은 방법이지."

시우샘은 우리 말을 잘 들어주고, 인정해준다. 그래서 난 시우샘이 편하다.

"자! 내가 나눠준 「토론비법서 ㉖」의 꼼수 ①을 봐. 뭐라고 써있어?"

"협박하기"

우린 다 함께 입을 맞춰 말했다.

"토론인데 협박을 사용하나요? 그리고 협박이 통하다니 말이 되나요?"

또다시 석규. 석규는 질문을 너무 좋아한다. 물론 학교 선생님들은 그런 석규를 별로 좋아하지 않는다. 반대로 시우샘은 질문을 아주 반긴다. 학교 선생님들도 우리 질문을 잘 받아주면 얼마나 좋을까?

"아주 많이 쓰고, 아주 잘 먹혀. 토론하다가 '만약에 그렇게 되면 거지가 됩니다' '그런 상황이면 큰일이 일어납니다' '만약에 전 재산을 잃어버리면 어떻게 하죠?' '그러다가는 폭동이 일어나고 맙니다'라는 말들을 많이 들었을 거야. 이런 말들이 전부 협박이야. 일상생활에서 사용하는 수준에는 못 미치지만 가만히 들어보면 토론에서도 협박을 정말 많이 사용해."

"그러네요. 하지만 정작 말하는 사람은 그걸 협박이 아니라고 여기죠."

"그래. 자신이 한 말이 협박이라고 인정하지 않아. 그러면서 협박을 하지. 상대는 협박을 당하면 주눅이 들고, 결국 자기 의견을 접고 상대 의견에 동의를 하게 돼. 앗싸~ 설득 성공!"

"정당하지 않아요."

석규가 심각하게 말했다.

“정당하지 않아. 절대 정당한 방법이 아니야. 그래서 꼼수야! 꼼수 ①, 협박하기!”

“꼼수를 우리가 왜 배워요! 꼼수는 나쁜거잖아요. 토론에서는 정당한 방법을 써야 하는거 아니에요?”

“왜 배워야 하는지는 고운이와 지인이가 사용한 설득 방법을 더 살펴보고 말할게. 자, 협박이 안 통하니까 고운이는 또 다른 수법을 꺼내 들지. 그게 뭐였을까?”

꼼수 ②, 나쁜 사람으로 만들기

“아이스크림을 사준다고 했어요. 이를테면 협상을 시작한 거죠.”

난 정확한 기억력을 뽐내기 위해 나섰다.

“그건 조금 뒤고, 그 앞에 사용한 수법.”

앗! 아니었나?

“아! 생각나요.”

지인이가 말했다.

“고운이가 저한테 욕심쟁이라고 했어요.”

“맞아. 그리고 너도 같은 말을 했지.”

“네, 이미 하나 줬는데 또 달라고 하니까 너야말로 욕심쟁이라고 반박했어요.”

“그런데 그게 설득 방법이랑 뭔 상관이죠?”

역시 질문쟁이 석규다.

“상대를 나쁜 사람으로 만들었기 때문이지. 네가 그런 주장을 계속하면 넌 욕심쟁이야. 욕심쟁이란 말을 들으면 상대는 그런 평가를 듣지 않기 위해서 생각을 바꾸든지, 반박하든지 하겠지. 그리고 반박을 제대로 못하면 욕심쟁이로 낙인 찍혀. 욕심쟁이가 되기 싫으면 이제 상대의 생각에 동의해줘야지. 설득 성공!"

시우샘은 '설득 성공'을 강조하며 독특하게 발음했다.

"그것도 협박의 일종이네요."

지인이가 말했다.

"협박의 하나지만 협박 중에서 고단수지. 그래서 꼼수 두 번째야."

"이기주의자란 말도 많이 쓰죠."

"거짓말쟁이란 말도 많이 쓰고."

"게으름뱅이란 말도 많이 들어."

"찌질이, 왕따, 찐따!"

진짜 맞는 말이다. 이런 소리 지겹게 들었다.

사람들은 일상에서 툭하면 상대를 낙인찍는다. 이기주의자, 거짓말쟁이, 게으름뱅이, 욕심쟁이, 찌질이 등 상대편을 나쁜 사람으로 만들어버린다. 나쁜 사람으로 찍힌 사람은 거기서 벗어나기 위해 생각을 바꿔야 한다. 그러니 우리 주위에 이런 나쁜 말들이 넘쳐나는 거다. 강제로 남의 생각을 바꾸게 만들기 위해서! 정말 꼼수다.

"토론에서는 그런 말 안 쓰지 않나요?"

여러분이 굉장히 머리가 나쁘지 않다면 이제 이런 질문을 대부분 누가 하는지 알 것이다. 그러니 앞으론 웬만하면 누가 질문했는지 밝히지 않겠다. 뻔하니까.

"아니, 아주 많이 써. '넌 빨갱이야!' '넌 좌파야!' '그런 말을 하다니 극우 꼴통 보수군요' 우리 사회에서 너무나 흔히 듣는 말이지. 넌 그런 주장을 하니까 나쁜 놈이야. 와우! 이런! '난 아니라고요' '난 그렇게 나쁜 놈 아니라니까요!' 사람들은 화들짝 놀라고, 자기 생각을 얼른 감춰버리지. 우리 사회에서, 그리고 토론에서 너무나 많이 쓰여서 그 예를 다 열거하기도 벅찰 정도야."

맞는 말이다. 진짜 100% 공감이다.

"꼼수 두 번째가 뭐라고?"

"나쁜 사람으로 만들기!"

내가 제일 큰소리로 말했다.

꼼수 ③, 이익과 손해를 따지게 만들기

"마지막에는 어떤 방법을 사용했지?"

시우샘이 물었고,

"협상을 했어요. 아이스크림, 밥, 모자까지 준다고 했죠."

지인이가 답했다.

"이런 방법, 일상생활에서 정말 많이 써요. 특히 엄마가 어느 정도 성적을 달성하면 제가 원하는 걸 하게 해주는 식이죠. 저야 제가 원하는 걸 얻기 위해서 하고 싶지 않지만 죽어라 공부할 수밖에 없고요."

"거의 모든 부모가 그러잖아. 늘 달콤한 상을 내걸지."

"그런 면에선 학교도 똑같아. 상이랑 등수를 걸어놓고 우리를 경쟁시켜."

"유치원 때는 별것도 아닌 스티커 몇 장 더 얻겠다고 생난리였지."

맞는 말이다. 세상의 기본은 주고받기다. 엄마는 항상 세상에 공짜는 없다고 하셨다. 얻으려면 줘야 한다고 했다. 수확하려면 씨를 뿌려야 한다고 했다. 물론 그 말이 맞다는 건 알지만 늘 공부하라는 잔소리 사이에 나오는 얘기라 듣기 싫은 말이었다. 협상! 생각해보니 실제 생활 속 논쟁에서 가장 많이 사용하는 토론 방법이었다.

"그런데 협상이 꼼수로 이기는 법이라니, 조금 이상한데요?"

누군지 말 안 해도 알겠지? 역시 석규.

"왜 이상하지?"

"협상은 토론에서 이기는 법이 아니라 서로 타협하는 거잖아요."

"협상은 주고받기니까 타협이 맞아. 그런데 잘 생각해봐. 협상에서 얻은 결론은 처음에 했던 생각과 같을까, 다를까?"

"다르죠."

"상대 의견에 근접하는 쪽으로 생각이 바뀌지. 어떤 경우에는 다른 걸 얻는 대가로 상대 의견에 완전히 따르는 경우도 많아. 스마트폰을 얻기 위해 하기 싫은 공부를 하는 경우, 스마트폰을 얻기 위해 공부를 열심히 하지 않겠다는 생각을 완전히 바꿨지. 고운이와 지인이의 논쟁에서 지인이는 고운이가 내건 협상 조건을 받아들여서 처음과 달리 스티커를 주겠다고 결정했어. 생각이 바뀌었고, 고운이는 설득에 성공했어."

"그건 정당하지 않나요? 꼼수가 아니라……."

"꼼수인 면도 있고, 정당한 면도 있지. 자신이 주도권을 쥔 상태에서 타협을 통해 의견을 모으는 방법은 정당한 승리법이야. 반면에 교묘한 꼼수도 많지."

"예를 들면요?"

"부모들이 스마트폰이나 게임, 물건 등을 내걸고 공부하게 만드는 경우! 이건 전형적인 꼼수야."

"그게 왜 꼼수죠?"

시우샘은 「토론비법서 ⑧」의 꼼수 ③을 가리켰다.

"꼼수 세 번째는 '이익과 손해를 따지게 만들기'야. 상대 의견이 옳기 때문에 설득당하는 게 아니라 내 이익과 손해를 따져보니, 상대 의견을 따를 때 손해를 덜 보고 이익을 더 얻는다는 이유만으로 생각을 바꾸게 만들지. 의견 자체에 동의하지 않고 이익과 손해만 따져서 의견을 바꿨기 때문에 꼼수인 거야. 토론에서 정당하게 이기려면 상대편이 내 의견에 진짜 설득당해야 해. 그러나 부모님이 물건을 내걸고 공부를 하라고 설득하는 경우, 물건을 얻기 위한 공부는 억지 공부야. 왜 공부를 해야 하고, 왜 힘들어도 노력해야 하는지 설득하지 않고 단지 물건 욕심을 이용해 선택을 바꾸게 만들었어. 너흰 거기에 넘어가고. 그러니까 꼼수인 셈이지.”

“그럼 제가 이 스티커를 얻기 위해 아이스크림, 밥, 모자를 주겠다고 한 건 꼼수인가요? 정당한 방법인가요?”

고운이가 물었다.

“글쎄, 지인이 네 생각은 어때?”

“솔직히 주기 싫었지만 거래 조건이 마음에 들었어요. 지금은 타협을 잘했단 생각도 들어요. 얻을 건 충분히 얻었고, 고운이 마음도 흡족하게 했으니까. 그래도 고운이가 사용한 방법이 꼼수인지, 정당한 방법인지 잘 모르겠어요.”

지인이에게서 곤혹스러움이 잔뜩 묻어났다.

“맞아. 정당한 방법과 꼼수의 경계는 칼로 수박 자르듯 딱 나눠지지 않아. 앞으로 『토론비법서』를 익히면서 꼼수와 정당한 방법이 비슷하게 닮았다는 걸 여러 번 경험하게 될 거야.”

“그래서 꼼수가 나쁘지만 알려주시는 건가요?”

이 질문, 누가 했는지 말 안 하겠음.

"그런 면도 있어. 하지만 진짜 이유는 악을 알아야 악을 극복하는 능력이 생기기 때문이야."

시우샘은 길게 설명을 했다.

"라디오나 TV 토론 프로그램에 등장하는 수많은 토론자들은 정당한 논리가 아니라 꼼수를 통해 이기는 법을 많이 사용해. 신문이나 인터넷에 넘쳐나는 수많은 글들에도 꼼수를 통해 상대를 제압하려는 시도가 넘쳐나지. 일상생활에서도 마찬가지야. 친구 사이, 연인 사이, 부모 자식 사이에서도 꼼수를 통한 설득 방법은 넘쳐나지. 대부분의 사람들은 자신이 꼼수를 사용하면서도 자신이 사용하는 설득 방법이 꼼수인지조차 인식하지 못해.

내가 너희들에게 토론에서 흔히 쓰는 꼼수를 가르치는 이유는 두 가지야. 하나는 너희들이 꼼수를 사용하지 않고 토론하는 법을 익히게 하기 위해서고, 다른 하나는 다른 사람이 쓰는 꼼수를 깨뜨리기 위해서야. 무엇이 꼼수인지 알아야 꼼수를 사용하지 않고, 적을 이길 수 있기 때문이야. 잘못이 무엇인지 알아야 잘못을 저지르지 않는 법이고, 악을 알아야 악을 물리치거든. 악의 정체를 모르면 악에 넘어가기 쉬워. 오직 선함만을 알면 작은 악에도 쉽게 물들어 버려. 악을 알면 내가 악을 저지르지 않기도 하지만 악을 알아보고, 악을 극복하는 능력도 생겨. 일상생활에서 접하는 수많은 사람들이 꼼수를 사용하기 때문에 꼼수를 알아보면 꼼수에 넘어가지 않게 되지. 꼼수를 알아야 꼼수에 넘어가지 않고, 꼼수를 무너뜨리는 힘이 생겨. 이제 내가 「토론에서 흔히 쓰는 나쁜 꼼수 20가지」를 가르치려는 이유를 알겠니?"

당연히 이해했다.

난 토론에서 흔히 쓰는 꼼수를 완전히 익힌 내 모습을 상상해봤다.

꼼수를 알면 토론이 이런 식으로 진행되지 않을까?

"그런 주장을 하다니 당신은 정말 이기주의자군요."

"그거 아십니까? 당신은 지금 논리적 오류를 저지르고 계십니다."

상대는 내 반격을 당한 뒤 이기주의자란 말을 내뱉은 걸 후회할 것이다.

엄마와 나누는 대화도 바뀌지 않을까?

"너 이번에 성적이 전교 ○○등 안에 들면 스마트폰 사줄게."

"엄마, 그건 잘못된 거래야. 내가 왜 공부를 해야 하는지 알아듣게 설명해줘. 그럼 난, 나한테 왜 스마트폰이 필요한지 설명할게."

이런 대화가 오가면 엄마가 기특하게 날 바라보지 않을까? 내 기대와 달리 버릇없다고 한 대 때릴지도 모르지만…….

"꼼수는 인간관계를 잘못된 길로 이끌고, 토론을 잘못된 길로 이끌어. 그뿐만 아니라 꼼수는 민주주의가 바르게 발전하지도 못하게 해."

마지막 시우샘 말은 살짝 어려웠지만 대충은 이해를 했다. 아무튼 토론 대회 우승을 해서 꼭 올 여름을 워터파크에서 보내고 말리라! 기다려라! 신 나는 여름이여! 그리고 워터파크에서 내 진짜 목적(?)을 달성하고 말리라!

알고도 당하는 꼼수 VS 알면 이기는 법칙

"오늘은 첫 날이니까 맛보기로 토론을 한번 해본 뒤에 토론 법칙을 설명해줄게."

드디어 시작이다.

"저흰 그냥 토론만 하면 법칙을 알게 되는 건가요?"

"지금부터 너희들이 하는 토론을 녹음할게. 필요하면 토론 도중에 내가 끼어들기도 할 거야. 토론이 끝난 뒤에 녹음한 걸 들으면서 토론 법칙이 무엇인지 알려줄게. 내가 나눠준 『토론비법서』를 읽어보고, 몇 번 토론을 해보면 너희도 토론에서 흔히 쓰는 꼼수와 정당한 방법이 무엇인지 구별하는 힘이 생길 거야."

"토론 주제는 뭐예요?"

"첫 번째 토론 주제는 이거야."

시우샘은 칠판에 주제를 썼다.

토론 주제 ① **부모의 매, 어떻게 보는가?**

시우쌤이 주제를 공개한 뒤 단 0.1초도 지나지 않아서 난리가 났다.

"당연히 안 되죠."

"왜 때려요?"

"말로 해야죠."

"때리는 건 진짜 비인간적이야."

시우쌤은 예상한 반응이라는 듯 시끄럽게 떠드는 우릴 보기만 했다.

"너희가 토론 대회에 나가면 자기 생각과 상관없는 의견이 주어지기도 할 거야. 맞지?"

정말? 진짜 그러면 어떻게 하지? 살짝 불길한 예감이 든다.

"그러……겠죠."

"토론 대회는 자기 생각을 펼치는 대회가 아니야. 어떤 주장을 선택했을 때 어떤 논리를 제시하고, 상대편 논리를 어떻게 공략해 나가는지를 통해 승리와 패배를 결정하는 대회지. 만약 토론 대회가 열렸고, 부모의 매가 주제로 주어졌는데, 너흰 찬성을 해야 하는 쪽이라면, 지금 너희 상태로는 100% 패배야."

평소에 완전히 아니라고 생각했던 주장을 해야 하는 상황이 오면 어떻게 할까? 막막했다. 토론 대회 우승이 달나라만큼 멀리 도망쳐 버린 느낌이다. 그건 안 되지.

"그래도 때리는 건 아니죠. 진짜 싫어요."

고운이가 힘주어 말했다.

"좋아. 너희 생각이 그렇게 확고하다면 너희 넷이 같은 편을 해. 내가 반대편을 할게. 너희 확신이 무엇을 근거로 하는지 진짜 궁금하다."

시우쌤은 우리가 논리를 정리할 시간을 주었다. 우린 각자 매가 나쁜 이유를 정리했다. 우린 각자 의견을 말했고, 시우쌤은 의견을 들은 뒤 하나씩 반박했다. 나중에 우리가 다른 논리를 제시했지만 모든 논리는 완전히 반박당했고, 우린 결국 매를 맞아도 된다는 시우쌤의 주장에 동의할 수밖에 없었다. 마지막 순간까지 우린 매가 옳지 않다고 주장하려고 애썼지만 불가항력이었다.

"그러니까 이제 부모님이 매를 드시면 너희들은 아무 소리 말고 그냥 맞아. 알았지? 하하하!"

난 속이 부글부글 끓었다. 나뿐만 아니다. 전부 마찬가지였다. 난 가끔 매를 맞는다. 그때마다 정말 싫다. 분명히 시우샘 주장에 동의하지 않는데 뭐라고 반박은 못하겠고, 미쳐 버리는 줄 알았다.

"반박은 하고 싶은데 뭐라 하지는 못하겠고……. 미치겠지?"

시우샘이 우릴 놀렸다. 평소에 존경하는 시우샘이지만 이럴 땐 정말 얄밉다.

"이제 녹음한 걸 들으면서 내가 어떤 수법을 썼는지 확인해보자. 너흰 정당한 방법과 꼼수를 교묘하게 사용한 내 논리에 완전히 휘말려 들었을 뿐이야. 내 주장이 완전히 옳기 때문이 아니야. 내가 정당해서 너희가 진 게 아니라, 너희들이 내 논리에 휘말려 들었기 때문에 졌다는 사실을 명심해. 지금부터 들으면서 자세히 확인하고 나면 어떻게 반박해야 할지 떠오를 거야. 당연히 미칠 듯한 기분에서 벗어날 거고."

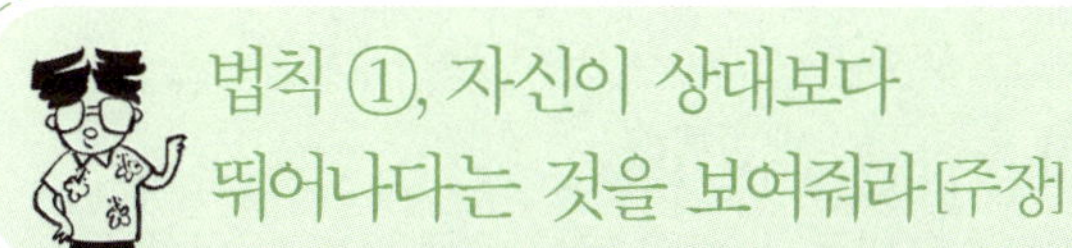

시우샘은 녹음한 파일을 재생했다. 스피커 볼륨을 크게 올려서 토론 중에 나온 이야기들이 분명하게 들렸다. 마지막 순간까지 '부모의 매가 나쁘다'고 확고하게 생각하면서도 어떠한 이유로 시우샘 말에 동의할 수밖에 없게 된 건지 정말 궁금했다. 만약 시우샘이 사용한 방법을 익히기만 한다면 우리도 토론 대회에서 시우샘처럼 능력을 발휘할 수 있다는 얘긴데? 토론 대회 우승이 달나라에서 내

곁으로 확 다가왔다. 워터파크도 함께.

고운　때리는 건 나쁩니다. 때리면 몸이 상합니다. 맞은 곳을 가리려고 긴 옷을 입을 때는 정말 쪽팔립니다.

지원　한 번 맞을 때마다 뇌세포가 1,000개씩 죽는다고 합니다. 대부분 공부와 관련해서 때리는데 뇌세포가 죽으면 머리도 멍청해져서 공부를 더 못하게 됩니다. 말로 해야 합니다.

지인　공부와 관련해서 주로 맞는데, 맞는다고 해서 성적이 올라가지는 않습니다. 성적은 때린다고 올라가지 않습니다. 말로 하면 충분합니다.

석규　매는 아이들에게 고통을 줍니다. 반성하라고 때리는데 고통을 주면 반성하기보다 반항을 하는 경우가 더 많습니다. 반항을 만들어 내는 매보다는 대화로 풀어야 합니다.

시우샘　네 명의 의견을 정리해볼게. 고운이는 맞은 곳을 가리려면 쪽팔린다고 했고, 지원이는 뇌세포가 1,000개씩 죽는다고 했고, 지인이는 매를 맞아도 성적은 올라가지 않는다고 했어. 마지막으로 석규는 매는 반성이 아니라 반항을 일으킬 뿐이라고 했어. 다 맞지?

시우샘은 여기까지 듣더니 잠깐 멈췄다.
“첫 번째 방법, 이건 「토론비법서 ㉭」의 법칙 ①에 나와. 지원이가 읽어볼래?”

법칙 ① 자신이 상대보다 뛰어나다는 것을 보여줘라 [주장]

01　상대편 주장의 근거를 조목조목 정리한 뒤 되풀이해서 확인해준다. 확인한 뒤에 하나씩 반박해 나간다. 내가 상대편보다 아주 논리적으로 보인다. 또한 상대

"자, 내가 어떤 방법을 사용했지?"

곧바로 지인이가 대답했다.

"우리가 말한 근거를 되풀이해서 확인해줬어요."

"맞아. 되풀이해서 확인해줬지. 이렇게 하면 내가 상대편 말을 굉장히 잘 들었다는 점을 평가자들에게 보여주지. 상대편 토론자도 자신들의 말을 경청했다고 여기게 돼. 이건 굉장한 이득이지. 승리를 위해서는 뛰어난 사람이란 인식을 심어줘야 하거든."

"그런데 시우샘은 어떻게 우리가 말한 걸 그 순간 다 기억해요?"

이 질문은 내가 했다. 진짜 궁금했기 때문이다.

"메모."

"메모요? 아니, 그렇게 빨리 말하는데 어떻게 다 써요?"

"나도 다 쓰지는 못하지. 난 상대편 말에서 핵심만 간추려서 간단하게 써둬. 이건 토론을 하는 사람의 습관이야. 메모를 하면 성실하다는 인상도 주지만, 실제 토론에서 활용 가치가 높단다. 그 효과는 나중에 다시 확인해줄게."

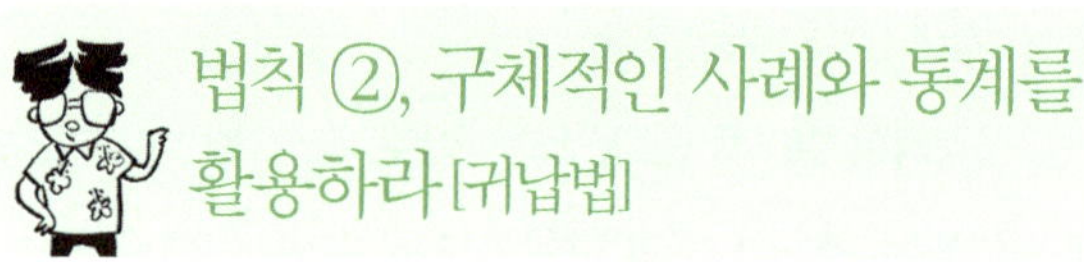

녹음 파일이 다시 소리를 뱉어냈다.

시우샘 고운이. 매 맞은 흔적이 밖으로 드러나면 쪽팔린다고 했지?

고운 네.

시우샘 그럼, 겉으로 드러나지 않는 곳을 때리면 되겠네.

고운 아!

시우샘 그러니까 네 의견은 안 보이는 곳을 때리는 걸로 충분히 반박이 가능해.
그치?

(잠시 모두 침묵)

시우샘 지원. 한 번 때릴 때마다 뇌세포가 1,000개씩 죽는다고?

지원 네.

시우샘 무슨 근거로?

지원 인터넷에 나왔어요.

시우샘 인터넷 어디에서, 어떤 근거인지 정확하게 출처를 밝혀야지.

지원 그걸 제가 어떻게 알아요?

시우샘 결국 넌 근거도 없이 주장만 한 거야. 제대로 된 출처가 없으니까 네 근거
는 타당성이 없어.

지원 1,000개인지는 모르겠지만, 머리를 때리면 뇌세포가 죽긴 죽어요. 머리를
때리면 엄마가 제 인생을 망치는 거라고요.

시우샘 그럼 머리 안 때리면 되겠네. 다른 곳은 때려도 되는 거지? 뇌세포가 죽는
건 아니니까.

소리가 다시 멈췄다.

"내가 어떻게 반박을 했지?"

"예외가 존재함을 보여줬어요."

고운이가 대답했다.

"출처를 따지고 드니까 할 말이 없었어요."

이건 내 대답이다.

"잘 아는구나. 법칙 ②를 고운이가 읽어보렴."

고운이는 낭랑한 목소리로 또박또박 읽었다. 이름처럼 목소리도 참 곱다.

법칙 ② 구체적인 사례와 통계를 활용하라 [귀납법]

01 주위에서 겪었던 구체적인 사례를 제시하여 내 주장의 타당성을 증명한다.

02 역사나 과거에 벌어진 사건을 사용한다. 역사는 이미 확인된 진실이므로 똑같은 상황에서도 같은 결과가 빚어진다는 점을 증명하는 위력적인 설득 수단이다.

03 통계는 수많은 사람들이 한 경험과 상황을 축적한 자료다. 상대를 설득하는 데 있어 통계는 아주 좋은 수단이다.

04 상대가 구체적인 사례를 제시하면 보편적인지 여부를 판단한다. 사회 현상에는 항상 예외가 존재한다. 어떤 예외도 존재하지 않는 건 없다. 상대편 상황이 보편적인 상황과 맞는지를 확인하고, 이를 공격한다.

05 상대가 역사적 사건을 사용하면 그게 지금 상황과 맞는지 여부를 판단한다.

06 상대가 통계를 제시하면 통계의 신뢰성을 무너뜨린다. 특히 학생들은 신뢰할 만한 출처를 제시하지 못하는 경우가 많으므로 이를 공격한다. 제대로 출처를 밝힐 경우 통계가 지닌 한계를 보여준다.

“법칙 ②, 귀납법은 실제 경험을 근거로 주장을 하는 방법이야. ‘과거에 경험해보니까, 내가 경험해보니까 이렇다’란 말은 정말 설득력이 강하지. 사람이란 과거의 경험으로 미래를 예측하고, 가치 판단을 하는 존재거든. 그래서 토론에서는 귀납법, 즉 구체적인 사례와 통계를 많이 활용하지.”

“통계도 귀납법인가요?”

질문한 사람은 당연히 누구?

“당연하지. 많은 사람이 이런 생각을 한다, 그러니 이게 맞는 얘기다. 이게 바로 통계지. ‘뇌세포가 1,000개씩 죽는다’는 사실은 많은 사람의 경험을 과학적으로 연구해서 나온 결과야. 그러니까 이건 경험을 근거로 한 귀납법인 거야.”

“그런데 애들이 쓴 방법은 귀납법이 맞는데, 시우샘이 사용한 방법도 귀납법인가요?”

“고운이는 법칙 ②—1(법칙 ②의 어번을 말함. 이하 이와 같은 방법으로 표기)을 썼어. 자기 경험을 통해 논리를 전개했지. 자신이 예전에 매를 맞았는데, 보이는 곳에 맞았고, 그걸 가리려고 하니까 쪽팔렸다. 그러니까 때리는 건 옳지 않다. 철저히 경험에 근거한 주장이야.”

“맞아요.”

고운이다.

“나는 법칙 ②—4를 통해 고운이 논리를 반박했어. 즉, 고운이 사례는 보이는 곳을 맞았을 때만 생기는 극히 예외적인 문제다, 즉 그건 보편적으로 발생하는 문제가 아니며, 보편적인 경우에는 아무런 문제가 생기지 않는다, 뭐 이런 식으로 반박을 한 거지.”

“아! 그렇군요. 어차피 사람의 경험은 극히 개별적이므로 보편적이지 않다고, 즉 대부분의 사람에게 적용되지 않는다는 점을 증명하면 간단하게 반박이 되네요.”

그러고 보니 시우샘은 나에게도 똑같은 방법을 썼다.

"아! 저도 똑같네요. 저도 머리를 때리면 문제가 생긴다고 했는데, 그것도 예외적인 거라고 해버렸네요. 그러고 나니 간단하게 반박이 되었고, 전 할 말이 없어져버렸어요."

"넌 처음에 통계를 활용해서 논리를 전개했어. 통계를 활용할 생각을 하다니 아주 잘한 거야."

"하지만 시우샘이 출처를 물어보자 간단히 무너져버렸죠."

"맞아. 통계는 강력한 설득 수단이지만, 학생들은 주로 통계의 정확한 출처를 모르는 경우가 많아. 그럴 땐 통계가 어떤 출처에서 나왔는지 요구하고 정확한 출처가 없으면 신뢰하기 어려운 거라고 밀어붙이면 끝나."

"출처가 명확하다면요?"

"정확한 출처라도 반박은 가능하지. 통계에도 한계가 분명히 있거든. 통계가 지닌 한계를 보여주면 반박이 가능해. 이건 나중에 통계를 활용하는 토론이 나오면 다시 확인하기로 하고, 계속 들어보자."

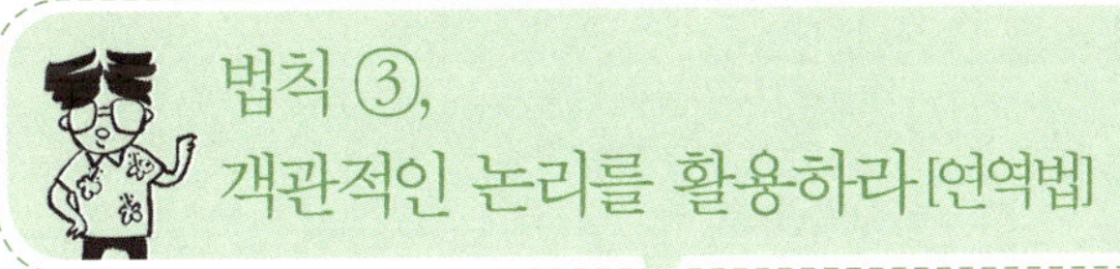

시우샘 지인이는 맞아도 공부 안 한다고 했고, 석규는 매가 반항을 하게 만든다고 했어. 결국 둘 다 매를 때려도 효과가 없다는 주장을 했다는 점에서 동일해. 그리고 말로 설득하면 충분하다고 했어. 내 말이 맞지?

석규/지인 네.

시우샘 부모가 매를 때리는 건 자녀의 잘못된 행동을 바로잡기 위해서야. 그런데 매를 때려도 잘못된 행동이 바뀌지 않으므로 옳지 않다고 했어.

지인   바로 그거에요. 그러니까 말로 해야죠.

시우샘   그럼 나도 똑같은 논리를 사용해볼게. 부모가 말로 설득을 하는 건 자녀의
         잘못된 행동을 바로잡기 위해서다. 그런데 자녀에게 말로 해도 잘못된 행
         동이 바뀌지 않는 경우가 많다. 따라서 말로 하는 건 옳지 않다.

석규   예? 그런 말도 안 되는…….

시우샘   논리적으로 오류인 게 있니? 난 너희와 똑같은 논리를 사용했을 뿐이야.

소리가 멈추자 석규가 말했다.

"솔직히 시우샘과 토론하면서 이때가 가장 황당했어요. 뭐라고 반박은 하고
싶은데 어떻게 말해야 할지 못 찾겠더라고요."

"당연하지. 논리적으로는 완벽한 반박이기 때문이지. 이게 바로 연역법이야.
흔히 3단 논법이라고 해. 연역법이 뭔지 확인해보자. 석규가 법칙 ③을 읽어봐."

연역법, 3단 논법! 아~ 뭔 말인지 잘 모르겠다. 어렵다. 또다시 토론 대회 우승
과 워터파크가 멀어지는 느낌이다. 달나라까지는 아니지만 저 멀리 동해바다 독
도까지 멀어진 듯하다. 그래도 독도는 우리 땅이니까! 내 손아귀에서 벗어난 건
아니야. 아자! 힘내자.

 **법칙 ③ 객관적인 논리를 활용하라** [연역법]

01 연역법   X→Y, M⊂X, M→Y

    X→Y를 대전제라 하고, M⊂X를 소전제라 한다. 대전제와 소전제가 맞으면
    M→Y라는 결론은 무조건 타당하다. 연역법은 강력한 설득 방법이며, 일상에서
    도 알게 모르게 흔히 쓰는 방법이다.

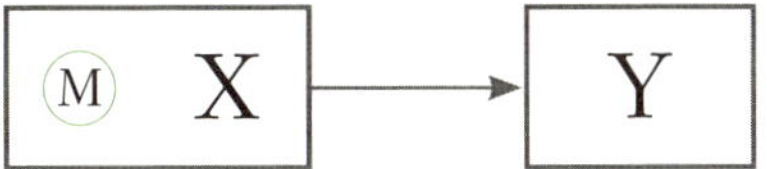

A→B, B→C, A→C 로 기억하는 3단 논법도 연역법이다. 첫 번째, 두 번째가 순서만 바뀌었을 뿐이다. 그림을 그려보면 우리가 아는 3단 논법이 똑같은 연역법임이 드러난다.

; B→C, A⊂B, A→C

02 상대가 연역법을 사용하면 X→Y 또는 M⊂X 부분이 타당한지 따진다. 전제를 무너뜨리면 결론은 자연스럽게 무너진다.

03 토론에서는 연역법을 사용하면서도 실제로 사용하는지 모르고 사용하는 경우가 많다. 이때 상대의 주장에 숨어 있는 전제조건을 찾아내 공략한다. 숨은 전제조건에는 허점이 있기 마련이다.

04 논리는 논리일 뿐 현실과 다른 경우가 많다. 논리가 완벽하면 현실성이 있는지 여부를 따진다.

아, 나는 수학 싫은데, 수학기호가 나오고 머리가 아프다. 또 대전제, 소전제, 숨어 있는 전제니 하는 말도 뭔지 하나도 모르겠다. 이러다 진짜 우승 가능성이 독도 바깥으로 도망가 버리면 안 되는데……

"지원이 표정이 죽을 맛이구나. 너 연역법, 대전제, 소전제, 숨어 있는 전제 뭐 이런 말 나오니까 머리 아파 미치겠지?"

당연하죠. 시우샘!

"말은 굉장히 어렵지만 실제론 그리 어려운 얘기는 아니야."

선생님들은 늘 그렇게 말씀하시죠.

“지원아, 주말에도 학원에 가야 한다면 어떨 것 같아?”

아니, 연역법 얘기하다 말고 왜 이런 질문을?

“당연히 짜증나죠.”

“왜 짜증이 나? 즐거울 가능성도 있잖아.”

“에이, 당연히 전 편하게 놀고 싶고, 평소에 못했던 게임도 하고 싶은데, 학원에 가야 하니까 짜증나죠.”

“넌 지금 연역법을 사용했어. 너도 모르게.”

엥? 내가 그 어려운 연역법을 사용했다고? 이게 뭔 말이래?

시우쌤은 칠판에 내가 한 말을 정리해주었다.

대전제	하고 싶은 걸 못하면 짜증이 난다.
소전제	주말에 놀고 싶은데 학원에 가면 못 논다.
결 론	따라서 주말에 학원에 가면 짜증이 난다.

“와! 그렇구나. 제가 연역법을 사용한 건가요? 믿기지 않는데요?”

“또 다른 걸 찾아볼까? 네가 배고픈데 혼자만 먹는 친구를 보면 어때?”

“기분 나쁘죠. 그런 친구는 완전히 이기적이에요.”

“자! 여기서도 넌 연역법을 사용했어.”

“네?”

이건 진짜 황당하다. 이 간단한 말 몇 마디에 연역법을 사용했다니?

시우쌤은 대답은 하지 않고 칠판에 또다시 적었다.

대전제	친구가 어려울 때 돕지 않은 친구는 이기적이다.
소전제	내가 배고픔의 고통을 겪는데 그 친구는 내게 음식을 주지 않았다.
결 론	따라서 그 친구는 이기적이다.

“어! 그러네요?”

“연역법이 어렵니?”

조금 이해를 했다. 토론 대회 승리와 워터파크가 독도까지 다시 다가왔다.

“생각보다 어렵지 않다는 느낌이 들기는 하지만, 그렇다고 다 이해하는 건 아직……”

“어렵지 않다고 느끼다니 다행이네. 이번엔 「토론비법서 ㉻」의 법칙 ③에 나온 그림을 봐.”

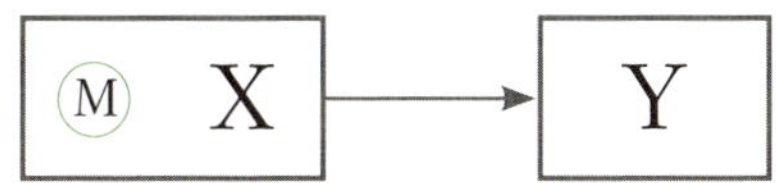

“이 그림이 연역법의 핵심이야. X는 Y야. 이게 대전제지. 그런데 M이 X에 속해. 그럼 당연히 M은 Y가 되지. 알아듣겠니?”

“대충은……”

“샨티중학교 남학생은 다 멋져.”

“에이, 그건 아니죠. 우리 학교 애들이 다 멋지다니……말도 안 돼요.”

지인이가 끼어들었다.

“예를 든 거니까 그런가 보다 하렴. 샨티중학교 남학생은 다 멋져. 그런데 넌 샨티중학교를 다니는 남학생이야. 그럼 넌 뭐야?”

“저도 멋지죠.”

난 멋진 놈이야. 히히.

“자, 그럼 지원이가 방금 내가 사용한 논리의 대전제, 소전제, 결론을 칠판에 써봐.”

난 별로 고민하지 않고 칠판에 썼다.

대전제   샨티중학교 남학생은 다 멋지다.

| 소전제 | 난 샨티중학교 남학생이다. |
| 결 론 | 따라서 난 멋진 남학생이다. |

"브라보! 아주 멋졌어."

"이제 알겠어요."

"그럼 네가 생각해서 연역법 논리를 하나 만들어봐."

난 잠깐 고민하다 내가 생각한 연역법을 적었다.

대전제	사람은 죽는다.
소전제	난 사람이다.
결 론	따라서 난 언젠가 죽을 것이다.

에휴, 하필 생각한 게 내가 죽을 거라는 논리라니. 조금 씁쓸하다.

"설명해줘."

"내가 죽는지, 안 죽는지 알아보고 싶어요. 그걸 확인하기 위해서 생각해봤어요. 사람은 죽나? 안 죽나? 당연히 사람은 죽어요. 이게 대전제죠. 이제 내가 사람인지 아닌지만 판단하면 되요. 당연히 전 사람이에요. 전 사람에 포함되죠. 그러니 거기서 당연한 결론, 전 죽어요. 언젠가! 안타깝지만."

짝! 짝! 짝! 시우샘이 박수를 쳐줬다. 뿌듯하다. 토론 대회 승리가 동해안 수영장까지 다가왔다.

"그런데 시우샘, 처음에 '샨티중학교 남학생은 다 멋지다'는 논리, 그건 말도 안 되는 거잖아요."

석규 질문.

"바로 그거야. 논리적으로는 완벽해 보여도, 사실은 그 전제가 틀린 거지. 그러니까 연역논증이 맞고, 안 맞고를 판단할 때는 대전제나 소전제가 맞는지, 안 맞는지를 확인해야 해. 법칙 ③-3이 바로 그 말이야.”

아! 그렇구나. 그럼 시우샘이 사용했던 논리도 반박이 가능하다는 말인데…….

“자, 조금 전에 토론했던 장면으로 다시 돌아가보자. 너희 주장을 내가 확인하면서 사용했던 연역법이 뭔지 칠판에 적어봐.”

난 열심히 고민했다. 하지만 약간 틀렸다. 고운이도 약간 틀렸다. 석규와 지인이가 정확히 썼다. 고운이와 난 서로를 보며 약간의 동변상련을 느꼈다. 이런 걸로 가까워진 느낌이 들다니 묘했다.

지인/석규의 논리

대전제　자녀의 잘못된 행동을 바로잡아주지 못하는 교육방법은 옳지 않다.

소전제　매는 자녀의 잘못된 행동을 바로잡아주지 못한다.

결　론　따라서 부모가 매를 때리는 건 옳지 않은 교육방법이다.

시우샘이 반박하며 사용한 논리

대전제　자녀의 잘못된 행동을 바로잡아주지 못하는 교육방법은 옳지 않다.

소전제　말은 자녀의 잘못된 행동을 바로잡아주지 못하는 경우가 많다.

결　론　따라서 부모가 말로 자녀를 가르치는 건 옳지 않은 교육방법이다.

지인이와 석규가 정리한 연역법을 보니 뭔 말인지 이해가 갔다. 그런데 이상했다. 어떻게 매를 때리는 것도 잘못이고, 말로 하는 것도 잘못이란 말이지? 정반대인 두 논리가 전부 옳지 않다니 어찌 된 걸까?

“알겠어요. 시우샘! 대전제가 맞다고 하면 소전제와 결론은 아무런 문제가 없어요. 이건 첫 번째 대전제에 문제가 있어요.”

석규다.

“우리가 처음 사용한 논리에 허점이 있었어요. 시우샘은 그걸 파고 드셨네요.”

지인이다. 둘은 정말 똑똑하다. 두 사람이 잘 해줘야 우리가 승리한다. 나야 뭐, 거기에 묻어가려고 하는 중이다.

"대전제가 뭐가 문제일까?"

"자녀의 잘못된 행동을 바로잡아주지 못하는 교육방법이 옳지 못하다고 했잖아요. 그런데 교육방법의 옳고 그름은 단지 행동을 수정해주느냐, 못 해주느냐로 판단하면 안돼요. 교육방법의 옳고 그름을 판단할 때는 다른 기준도 많아요."

"예를 들면?"

"음, 인간의 개성을 존중해주느냐, 재미있느냐, 뭐 이런 거요."

"효율적인지도 중요하죠. 창의력과 인간다운 존엄성을 키워주는 것도 중요하고요."

지인이도 덧붙였다.

"맞아. 그렇기 때문에 이 논리는 성립하지 않아. 너희도 잘못된 논리를 사용했고, 사실은 나도 잘못된 논리를 사용한 거야."

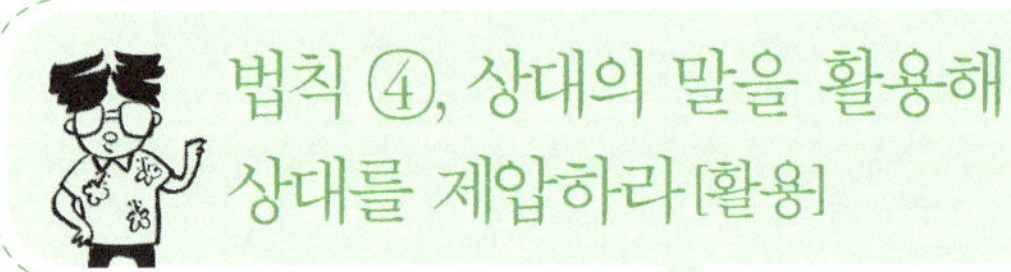

확 억울함이 올라왔다. 난 시우샘에게 따져 물었다.

"그럼, 시우샘은 알면서도 이렇게 하신 거예요?"

"그럼 설마 내가 그것도 몰랐겠냐?"

"꼼수 ⑱! 바로 이거군요."

꼼수 ⑱, 잘못된 연역법을 사용해 논리를 전개하기

『토론비법서』를 꼼꼼히 살피던 고운이가 말했다.

"하하하! 들켰구나. 꼼수 ⑱은 아주 고급 기술에 속해. 그리고 무심결에 아주 숱하게 사용하지. 잘못된 연역법이 정말 많아. 신문에도, 정치인들 간의 다툼에도, 그리고 가정과 학교에서도 비일비재하지. 여기에 관해서는 나올 때마다 이야기하기로 하자. 자! 난 꼼수를 사용하기도 했지만 토론 법칙 중에서 아주 강력한 수단 하나를 사용했어. 그게 뭔지 알겠니?"

강력한 수단이라고? 그게 뭐지? 우린 일제히 시우쌤이 나눠준 『토론비법서』를 들여다봤다. 이번에는 내가 찾아야 하는데, 그럼 아마도 고운이도 내가 꽤 괜찮다고 느낄지도 모른다. 아차! 모두 쉿! 고운이에겐 비밀.

"법칙 ④요."

이런, 늦었다. 지인이가 제일 먼저 찾아냈다. 아! 지금까지 법칙 ③으로 대화를 나눴으니까 이번엔 법칙 ④ 차례인데, 그냥 바로 법칙 ④라고 말해버릴 걸. 에이 진짜! 이렇게 눈치가 없어서야.

"왜 그런지 설명해볼래?"

 **법칙 ④ 상대의 말을 활용해 상대를 제압하라** [활용]

01 상대가 사용했던 논리를 그대로 사용해 상대를 공격한다. 상대의 칼을 이용해 상대를 공격하는 술법이다.

02 상대가 이미 말했던 논리와 사례를 활용해 상대를 공격한다. 이때 상대가 앞서 한 말과 나중에 한 말이 일관성이 없다는 점을 보여준다. 물론 이렇게 해도 내 주장이 타당함을 증명하지는 못한다. 단지 상대편이 일관성이 없으며 신뢰할 만한 주장을 못한다는 것만 보여줄 뿐이다.

"법칙 ④-1을 사용했어요. 저희가 사용했던 논리를 활용해 똑같이 되돌려 준 거죠. 그리고 조금 전에 했던 토론을 생각해보니 시우샘은 끊임없이 법칙 ④-2를 사용했어요. 저희가 인정할 수밖에 없는 말을 하게 해 놓고, 그걸 이용해 저희의 다른 생각을 공격했어요. 아마 이 뒷부분 토론을 들어보면 계속 그랬을 걸요?"

"지인이 말대로 난 계속 그렇게 했어. 정말 많이 사용하는 수법이지. 그리고 이 방법을 잘 활용하면 상대는 자기 말에 자기가 넘어가 버려. 이걸 아주 잘했던 사람이 바로 그 이름도 유명한 소크라테스야. 흔히 소크라테스의 대화법이라고 하는 방법이 바로 법칙 ④야. 이 방법을 토론 대회 형식에 도입한 경우도 있는데 'Cross Examination, 교차조사'라고 해. 교차조사란 말이 어렵게 들리지만 쉬운 말로 서로 질문하고 대답하는 거야."

난 시우샘 말을 듣다가 속담 하나가 생각났다.

"자기 꾀에 자기가 넘어 간다. 딱 그걸 이용한 법칙이네요."

"오! 박지원! 너무나 적절한 비유야."

한 건 했다!

"자, 그럼 일단 설명은 여기서 마무리하고 토론했던 걸 다시 들어보자. 아~ 참! 연역법에서 살짝 다른 형식도 있는데 설명 안 했네."

시우샘이 칠판에 적었다.

A=B이고 B=C이면 A=C이다.

"이 말을 이해 못하는 사람 있니?"

당연히 안다. 저 정도는 초등학교 3~4학년들도 안다. 나처럼 별로 머리가 좋지 않은 중학교 1학년도 충분히 안다. 질문 좋아하는 석규도 이번엔 질문하지 않았다.

우린 곧바로 녹음된 걸 다시 들었다.

(약간 침묵이 흐른 뒤)

시우샘 말로 한다고 해서 행동이 바뀌는 경우는 드물어. 솔직히 대부분의 학생들이 그러잖아. 인정하지?

고운 솔직히…… 인정해요.

시우샘 그렇지만 매는 다르지. 너흰 반항한다고도 하고, 성적이 오르지 않는다고도 했지만 매 맞는 게 무서워 공부를 더 열심히 하고, 숙제도 해 오고, 동생이랑 싸우고 싶다가도 멈칫 거려. 거짓말을 하려다가도 매가 무서워서 망설이기도 하지. 그러니까 매의 효과는 말보다 더 많아.

"지금 법칙 ②, 귀납법을 사용하셨군요. 맞죠? 시우샘."

"정확해."

석규가 말하고, 시우샘이 답했다.

지인 생각해보니 매로 행동이 바뀌기도 해요. 하지만 그건 억지에요. 매가 무서워서 공부를 하는 거지, 공부가 좋아서 하지는 않아요. 다른 경우도 마찬가지고요.

시우샘 억지로 하는 건 나쁘다는 건가?

지인 그럼요, 옳지 않아요.

“아! 법칙 ③, 연역법이다.”

“왜 연역법이지?”

“대전제, 억지로 하는 건 나쁘다. 소전제, 매는 억지로 행동을 바꾸게 한다. 결론, 매는 나쁘다.”

“빙고!”

지인인 어쩜 저렇게 잘 알까? 부럽기도 하고 질투심이 생기기도 한다.

시우샘　그럼 넌, 억지로 하는 건 다 나쁘다고 생각하니?

지인　그게 그러니까…….

시우샘　사람은 하고 싶지 않지만 해야 할 일이 있어. 그건 너도 인정하지?

지인　(한숨을 쉬며) 네, 인정해요.

시우샘　그러니까 네 논리는 옳지 않아.

“법칙 ③-3, 상대가 연역법을 사용하면 상대의 대전제와 소전제를 공략하라. 시우샘은 저의 대전제를 찾아서 그걸 공략했군요. 억지로 하는 건 나쁘다는 저의 대전제가 무너지니까 제 논리는 전혀 힘을 쓰지 못했고요.”

지인이는 녹음된 것과 똑같은 한숨을 내쉬었다.

“솔직히 듣고 있으니 시우샘이 얄미워요. 어쩜 이렇게 하나하나 허점을 파고드는지, 무섭기까지 하네요.”

“『토론비법서』에 담긴 비법을 익히면 너도 나처럼 할 수 있어.”

“크크. 비법, 비법하니까 『토론비법서』가 꼭 무슨 무협지나 판타지에 나오는 고수가 되고, 마법을 얻는 비법서 같네요.”

내가 웃으며 말했다.

“하하하, 무협지 고수가 되기 위한 비법서! 마법사가 되는 비법서! 맞는 말이네.”

나 덕분에 모두 한참을 웃었다.

고운 조건을 걸면 되잖아요. 용돈을 깎는다든지, 게임을 좋아하면 게임을 못 하게 한다든지, 좋아하는 노래를 못 듣게 한다든지. 그런 강제적인 방법을 쓰는 게 매보다 훨씬 효과가 좋아요.

지원 맞아요. 못 하게 하는 것도 좋지만 칭찬스티커처럼 잘하는 방법을 써도 좋아요. 잘했을 경우 스티커를 주고, 그게 일정 정도 쌓이면 게임을 하게 해주고, 놀러가게 해주고, 원하는 걸 사주는 방법이요. 그럼 좋잖아요. 그럼 행동이 바뀐다고요.

시우샘 너희들은 앞에서 매를 때리지 말고, 말로 해야 한다고 했어. 그랬지?

석규/지인 네.

시우샘 고운이랑 지원이도?

고운 네.

지원 그렇게 말했죠.

"진짜 무섭네요. 끝없이 저희가 했던 말을 꼬투리 잡아서 저희를 공격하시네요. 집요하게 법칙 ④를 쓰시는군요."

석규가 투덜거렸다.

"집요해야 이기지."

시우샘 말에서 순간적으로 찬바람이 불었다.

시우샘 말로 하라는 건 공부가 왜 필요한지 말로 설득하란 주장이었을 거야. 공부가 왜 필요한지 진심으로 동의하게 만드는 게 옳다는 주장이야. 즉, 사람은 억지로 행동하지 않고, 강제로 행동하지 않고, 진심으로 동의해서 움직일 때만 올바르단 얘기지. 부모님의 매는 그런 차원에서 본다면 진짜 마음을 바꾸지 못해. 그러니까 옳지 않다는 주장이야. 내 말이 맞니?

  바로 그거에요. 근데 시우샘이 왜 우리 편을 들어줘요?

"나는 진짜 시우샘이 우리 편을 들어주는 줄 알았다니까요."
"하하하."
"진짜 교묘해요."

법칙 ⑤, 토론의 틀을 장악하라 [쟁점]

"일단 여기서 듣기는 멈추고 법칙 ⑤를 읽어봐. 우리에게 웃음을 준 지원이가
재미나게 읽어 보렴."

법칙 ⑤ 토론의 틀을 장악하라 [쟁점]

01 토론의 쟁점을 자신이 유리한 쪽으로 만든다. '토론의 주도권을 쥐라'는 뜻이
다. 나의 강점과 상대의 약점이 부딪쳐야 승리할 가능성이 높다.

02 내 장점을 끝까지 놓치지 말고 유지한다. 상대의 약점은 집요하게 파고든다.

03 토론에 사용하는 용어는 자신에게 유리한 쪽으로 정의한다. 단어의 정의를 유
리하게 내려야 토론의 주도권을 장악하게 되고, 그것이 내게 유리한 틀을 만
든다.

04 쟁점이 팽팽하게 맞설 경우, 자신에게 유리한 새로운 쟁점을 만들어 낸다.

"이건 진짜 고수들이 사용하는 법칙이야. 그리고 이 법칙은 정말 강렬해서, 만약 이 법칙에 제대로 걸려들기만 하면 상대가 제아무리 고수라도 무조건 이겨."

무조건 이기는 방법? 제아무리 고수라도? 그러니까 토론을 아주 잘하는 팀을 만나도 이긴단 말이지? 난 귀가 솔깃했다. 이거만 익히면 토론 대회 우승은 이미 이룬 거나 마찬가지다. 즉, 워터파크가 내 손에 들어온다는 뜻이고, 거기서 고운이와 즐거운 시간을……. 흐흐흐. 신난다. 도대체 뭘까? 그 강력한 법칙이란?

"토론의 틀이란 토론을 진행하는 기본적인 골격, 구조를 말해. 영어로는 프레임(frame)이라고 해."

"논쟁의 구도를 말씀하시는 거군요."

석규다. 논쟁의 구도라니 뭔 말이야?

"논쟁의 틀이나 짜임새라고 하는 표현이 더 좋겠다."

논쟁의 틀? 짜임새? '구도'라는 말보다는 좀 더 알 듯하다.

"토론을 할 때는 논쟁의 틀이 중요해. 만약 토론에서 자신에게 유리한 틀이 만들어지면 99% 이길 수밖에 없어. 반면에 불리한 틀이 만들어지면 아무리 힘을 쓰고 달려들어도 절대 이기지 못하지. 싸움을 할 때 이쪽은 칼을 들었는데 저쪽은 총을 들었으면, 내가 아무리 칼을 잘 써도 상대를 이길 가능성은 극히 낮아. 토론도 마찬가지야. 논쟁의 틀이 어떻게 형성되는지에 따라 토론의 방향과 승부는 완전히 달라져."

"이론은 알아듣겠어요. 그런데 이게 왜 그렇게 강력한지, 그리고 구체적으로 어떻게 하는 건지는 모르겠어요."

"일단 토론에서 논쟁의 틀이 중요하다는 점을 기억해. 그리고 지금부터 내가 쓰는 수법을 잘 들어봐."

시우샘 즉 너희들은 '올바른 교육방법이란 자녀가 진심으로 뉘우치게 한 뒤에 마음으로 동의해서 행동하게 하는 것이다'고 생각해. 동의하지?

고운 그럼요. 당연하죠.

"법칙 ⑤-3, 토론에 사용하는 용어는 자신에게 유리한 쪽으로 정의한다. 맞죠?"

"그래."

"시우샘은 올바른 교육방법이란 어휘의 뜻을 정의했어요. 그런데 이상해요? 시우샘이 내린 정의는 저희한테 더 유리한 정의 아닌가요? 법칙 ⑤-3에는 분명히 자신에게 유리하게 정의하라고 해 놓고, 왜 그렇게 하신 거죠?"

"계속 들어봐. 과연 이 정의가 너희에게 유리하게 작동했는지, 내게 유리하게 작동했는지."

시우샘 조금 전에 너희는 매를 때리는 대신에 조건을 걸거나, 칭찬스티커를 활용하라고 했어. 그런데 그 방법은 '올바른 교육방법이란 자녀가 진심으로 뉘우치게 한 뒤에 마음으로 동의해서 행동하게 하는 것이다'란 생각과는 맞지 않아.

지원 그게 왜요? 칭찬스티커 받으려고 좋아서 하는 거니까 마음이 바뀐 거잖아요.

시우샘 칭찬스티커를 목표로 공부한 거지, 진짜 공부가 필요하다고 느껴서 공부한 건 아니잖아. 그러니까 너희들 기준으로 봐도 옳지 않은 거지.

고운 인정해요. 조건을 거는 것도 진짜 마음이 바뀌어서가 아니라 그걸 얻으려고 하는 거니까요. 지난 번 시험에 스마트폰을 걸었어요. 엄마를 졸랐더니 엄마가 성적을 조건으로 걸었고, 전 미친 듯이 공부했어요. 시험 끝나고 스마트폰을 얻기는 했는데, 이게 뭐하는 짓인가 싶었죠. 그 뒤엔 시험 기간에 정말 열심히 했으니까 조금 놀아도 된다는 생각이 들어서 많이 나태해졌어요. 그 덕분에 엄마한테 또 실컷 혼이 났죠. 하마터면 스마트폰도 빼앗길 뻔 했어요.

에효. 이때 고운이가 인정을 하는 바람에 우린 완전히 궁지에 몰렸다. 하긴, 인 정할 수밖에 없는 상황이었다. 그리고 난 고운이가 이렇게 솔직하게 인정하는 모 습이 멋지다고 생각한다.

석규 벌은 어때요? 벌을 세우면 되잖아요. 그건 육체적인 고통을 주는 게 아니 에요.

지인 맞아요. 벌이 훨씬 효과도 좋고, 괜찮은 방법이에요.

시우샘 '올바른 교육방법이란 자녀가 진심으로 뉘우치게 한 뒤에 마음으로 동의 해서 행동하게 하는 것이다'란 이 말 벌써 잊었니? 벌도 진심으로 뉘우치게 하는 것과는 거리가 멀어. 육체적인 고통을 줌으로써 강제로 생각을 바꾸 게 하는 거지. 결국 몸에 매를 대서 고통을 주는 것이나, 벌을 세워서 고통 을 주는 것이나 똑같아.

"하! 왜 시우샘이 '올바른 교육방법'에 대해 정의를 내렸는지 알겠어요."

"그러게요. 전 시우샘이 말한 정의가 저희한테 유리한 거라고 여겼는데, 그게 아니라 계속 저희한테 불리한 쪽으로 작용하는군요."

지인이와 석규가 번갈아 가며 말했다.

"솔직히 말하면, 이 정의는 너희한테 아주 유리했어. 다만 너희가 그걸 제대로 활용하지 못했기 때문이지."

진짜? 정말? 말도 안 돼.

"왜 너희가 그걸 제대로 이용하지 못했는지는 토론이 끝날 때쯤 다시 말해줄 게. 아무튼 지금은 논쟁의 틀을 잘봐."

지원 협박을 하면 되잖아요.

시우샘 그건 다시 말 안 할게. 올바른 교육방법이 아니야.

고운 말을 들을 때까지 끝까지 야단을 치고, 설득을 하면 되잖아요.

시우샘 너 같으면 그렇게 하겠니? 언제까지 말로 야단치고, 말로 설득을 해야 할까? 나쁜 길로 가는 게 뻔히 보이는데 언제까지? 만약에 너라면, 네 아이가 계속 잔소리하고 야단을 쳐도 말을 안 들으면 어떻게 할래?

고운 저도 그땐 어쩔 수 없이 매를 들겠죠. 다른 방법이 없으니까.

"이건 꼼수 ④."

고운이가 갑자기 소리를 질렀다. 평소에 조근조근 이야기하던 고운이가 갑자기 소리를 질러서 난 깜짝 놀랐다. 지인이와 석규도 마찬가지로 놀란 표정이었다.

꼼수 ④, 상대의 현실을 이용해 공격하기

"왜 꼼수 ④지?"

"꼼수 ④, 논리적으로 설득하지는 않고 '너라면 그러겠느냐?'는 식으로 말씀하셨잖아요. '너라면 그렇게 하겠느냐'는 식으로 따지고 드니까 전 제가 엄마라면 그렇게 하기 힘들 거라는 생각을 하게 됐고, 결국 머뭇거려 버렸어. 사실 논리적으로 따지면 제 말이 맞을지도 모르잖아요. 그런데 저도 힘들 거라는 상황으로 몰아넣으니까 더 이상 말을 못했죠."

"와우! 고운! 멋졌어. 정확해. 난 내가 만든 틀을 흐트러뜨리지 않기 위해 꼼수를 일부러 사용했어. 그리고 고운이는 그 뒤로 입을 다물어 버렸지."

"너무해요. 시우샘."

맞다. 너무하다. 고운이의 투덜거림이 확 와 닿는다. 어쩜 그렇게 교묘한지. 확, 미운 마음까지 든다.

"그렇다고 날 나쁜 놈 만들지는 마! 난 너희들에게 토론 법칙을 가르치기 위해서지, 골탕 먹이려고 그런 건 아니니까."

아! 참 그렇지. 시우샘을 잠시 미워한 거 취소합니다. 취소요.

"그런데 너흰 아직도 내가 어떤 틀을 짜서 끌고 가는지 몰라. 그걸 찾아내봐. 그걸 찾아낸다면 내가 피자 한 판 쏠게."

앗! 피자를? 좋다. 내가 찾아내고 말리라.

지원	생각하는 의자는 어떨까요?
석규	맞아요. 생각하는 의자. 진짜 좋은 방법이다. 야! 너 어떻게 그런 생각을 했냐?
지인	생각하는 의자를 쓰면 진짜 좋아요. 드라마에서도 나오고, 제 어릴 때 유치원에서도 썼어요. 거기서 가만히 생각하면 생각이 바뀌어요. 잘못했던 생각이 들거든요.
시우샘	그건 유치원 때 얘기지.
지원	초등학교까지 썼어요. 가만히 앉아 있다 보면 지루해서라도 엄마 말을 듣게 돼요.
시우샘	지루해서 바꾼다니 그건 아니지. 그건 마음이 움직인 게 아니라, 어쩔 수 없이 행동하는 거니까 올바른 교육방법이 아니야.

"또다시 올바른 교육방법이란 정의로 공격하는군요."

"아무튼 끈질겨서."

"너무 집요해."

“앞으로 집요샘이라고 불러야겠다.”

“집요샘. 하하하. 그거 괜찮네. 하하하.”

시우샘　생각하는 의자도 일정 정도 강제력이 작용한다고 봐. 그리고 중학생이 되면 효과가 사라져. 솔직히 너희들을 생각하는 의자에 앉혀 놓으면 효과 있을까? 난 없다고 보는데.

석규　솔직하게 말해 지금은 별로 효과가 없을지 몰라요. 하지만 분명히 초등학교 3~4학년 때까진 효과가 있었어요. 그런데도 부모님들은 그때도 매를 드셨어요.

시우샘　에스컬레이터 같은 거지.

석규　에스컬레이터요?

시우샘　처음엔 말로 하지. 말을 안 들어. 생각하는 의자를 사용해. 조금 지나면 그것도 효과가 감소해. 칭찬스티커를 사용하거나 무언가를 빼앗겠다고 협박을 하지. 처음엔 효과가 생기지만 점점 안 들어. 벌을 줘. 시간이 지나면 마찬가지야. 매를 들어. 처음엔 한 대. 그러다 강도가 올라가. 에스컬레이터처럼 매를 향해 가는 거지. 결국 매는 어쩔 수 없는 방법이야.

지인　시우샘 지금 말이 맞기는 하지만, 그래도 매를 때리는 게 옳은 건 아니잖아요.

“솔직히 이때 내가 주도하던 토론의 틀을 지인이가 흔들었어.”

“제가요?”

이건 결정적인 힌트다. 뭐지? 여기서 내가 핵심을 파악하면 고운이가 나를 다르게 볼 거다. 그런데 지인이의 말이 뭐가 어떻기에 시우샘이 끌고 가던 논쟁의 틀을 흔들었다는 거지? 아, 진짜 답답하네.

“그래서 난 얼른 내가 유리한 쪽으로 말을 돌렸지.”

“법칙 ⑤를 끝까지 유지하셨군요.”

“그럼, 자신에게 유리한 틀을 끝까지 집요하게 유지하라. 그걸 유지하는 힘이 바로 토론을 승리로 이끌지.”

시우샘 너흰 처음에 넷 모두 설득과 대화로 문제를 해결하는 게 옳다고 했어. 그건 마음 속에서 동의가 되게끔 만들어달라는 요구지. 그런데 현실적으로 생각해보면 어떤 문제가 생겼을 때 말로 잘 해결이 안 돼. 현실적으로 어려워. 맞지?

석규 솔직히 인정해요.

지인 저도.

“법칙 ③-4, 논리가 완벽하면 현실성이 있는지 여부를 따진다.”

고운이가 연필로 책상을 탁 치며 말했다.

“그러네. 대화와 토론으로 설득을 하라!는 말은 뭐라고 반박할 수 없는 완벽한 논리니까. 그러니까 그걸 문제 삼기는 어렵고, 그 대신에 현실성이 없다는 걸 파고든 거야.”

석규도 동의를 했다.

“와! 이 토론 법칙 정말 놀랍네요. 토론하는 내내 끊임없이 적용되는군요.”

지인이도 감탄했다.

나도 이 시점에서 한 마디 해야 할 듯했다.

“아무튼 집요샘은 알아줘야 해.”

내 말은 논리적이진 않았지만, 모두의 웃음보를 터트리는 데는 성공했다. 고운이는 웃을 때 제일 예쁘다.

시우샘 너희들이 제시했던 방법은 전부 너희들이 원칙이라고 여기는 올바른 교육방법과 어긋나. 그리고 너희들이 제시한 칭찬스티커, 보상, 벌, 이런 것들은 전부 억지로 행동하게 하는 거야. 매도 억지로 행동하게 하는 거지. 너흰 억지로 행동하게 하는 방법을 사용해도 된다고 주장한 셈이야. 매는 억지로 행동하게 하는 방법 중에 가장 강력한 수단이지. 그러니까 너희는 이미 매를 때리는 것에 동의한 셈이야.

지인 말도 안 돼. 어떻게 그런…….

시우샘 논리적으로만 따져 봐. 내가 틀렸니?

석규 논리는 맞지만, 그건 아닌데…….

"법칙 ④, 상대의 말을 활용해 상대를 제압하라! 대단하시네요. 끝까지."
석규가 혀를 내둘렀다.
"내가 그랬잖아, 집요샘이라고."
이번엔 아무도 안 웃었다.

논쟁의 틀은 왜 중요한가?

시우샘 너희들이 매를 대신해서 제시한 방법은 현실성이 없거나, 매와 같은 식의 방법이야. 따라서 너흰 매를 때리지 말아야 한다는 이유를 대지 못했어. 결국 매를 때릴 수밖에 없어. 결국! 너흰 부모님이 앞으로 매를 때리면 아무 소리 말고 '고맙습니다' 하면서 맞아야 해. 알았지?

지원 그건 아니죠.

고운 아! 매는 진짜 싫은데.

지인　아니, 그게 아니고요. 이거 완전 멘붕이다. 진짜!

석규　그건 진짜 아니거든요.

시우샘　너희 주장을 뒷받침할 만한 새로운 방법, 매를 대신할 새로운 방법이 있니?

시우샘　그것 봐 없지? 그러니까 내 말이 맞아. 너희가 너희 주장이 옳다고 증명하지 못하는 한 내 말이 맞아. 그렇지? 그러니까 다시 말하지만…….

"꼼수 ⑳!"

지인이가 소리를 질렀다. 갑작스럽게 소리를 질러서 모두 화들짝 놀랐다. 심지어 시우샘, 아니 집요샘까지도.

"지금 시우샘은 꼼수 ⑳을 썼어요. 이제야 알겠어요. 그렇구나, 지금까지 아주 지속적으로 시우샘은 꼼수 ⑳을 활용했어요. 내가 왜 이걸 몰랐을까?"

꼼수 ⑳, 그게 뭐지? 난 「토론비법서 ⑳」의 제일 뒤에 적힌 글을 읽었다.

꼼수 ⑳, 상대의 주장에 증거가 없다면 자신의 주장이 옳다고 하기

이게 어떻다는 말이지?

"다른 애들은 뭔지 모르는 것 같은데 지인이가 설명해줄래?"

"시우샘은 매가 아니면 어떤 방법이 있는지 말하라고 저희에게 계속 요구했어요. 대놓고 말하지는 않았지만, 끊임없이 그걸 요구했죠. 저흰 끊임없이 그걸 찾아서 제시했지만 그때마다 저희가 말한 '올바른 교육방법'과 충돌하면서 산산이 부서졌어요. 우린 우리의 주장을 확실하게 증명하지 못했어요. 그러자 시우샘은 승리를 선언해 버렸죠. 상대의 주장에 증거가 없다면 내 주장이 옳다! 바로 꼼수 ⑳을 쓰신 거죠."

아, 그렇구나. 그런데 그게 왜 꼼수지?

“그런데 그 말은 맞는 거 아닌가요? 그건 꼼수라기보다 정당한 방법 같은데…….”

이건 석규가 한 질문이 아니라 내가 한 질문이다. 진짜 내가 한 질문이다.

“지금 내가 든 볼펜으로 글씨를 쓰면 어떤 색이 나올까?”

뜬금 없이 시우샘이 물었다. 시우샘은 4색 볼펜을 보여줬다.

“검정색이요.”

시우샘은 손에 든 볼펜을 책상 밑으로 감췄다. 책상 밑을 쳐다보지도 않고 시우샘의 손이 움직였다. 시우샘은 손을 감춘 채 물었다.

“지금 볼펜으로 글씨를 쓰면 어떤 색이 나올까?”

“그거야 모르죠.”

“아니, 짐작해봐.”

“아마, 빨간색이요.”

“난, 파란색.”

“그럼 파란색이겠죠.”

“아니, 지금은 나도 몰라. 너랑 나는 똑같은 상황이야.”

“그렇군요.”

“그런데 내가 너에게 이렇게 요구해. 빨간색이란 걸 증명해봐.”

“에이, 제가 그걸 어떻게 증명해요.”

“네가 너의 주장을 완벽하게 증명하지 못했으므로 내 주장이 맞아. 이건 파란색이야.”

“그건 말도 안 돼요. 무슨 색깔일지는 모르잖아요?”

“당연히 모르지.”

아! 그렇구나. 그제야 난 꼼수 ⑳의 의미를 이해했다. 상대의 주장에 증거가 없다면 자신의 주장이 옳다! 이건 맞는 얘기 같지만, 사실은 틀렸다. 내 주장이 맞는 걸 내가 증명하지 못했다고 해서 자연스럽게 상대의 주장이 맞는다는 법은 없다.

자기 주장이 맞다고 주장하려면 자기 스스로 자기 주장이 맞다는 사실을 증명해야 한다. 그 전까지는 나의 주장도, 상대의 주장도 옳다고 증명된 건 아니다. 그러니까 누가 옳은지가 정해지지 않은 상태일 뿐이다.

와! 내가 이렇게까지 이해를 하다니, 나도 제법이군!

"완벽한 꼼수지. 하하하!"

"시우샘."

석규다.

"알았어요."

"뭘?"

"시우샘이 말한 논쟁의 틀, 알았어요!"

헉! 저건 내가 찾아야 하는 건데?

"말해볼래?"

"꼼수 ⑳을 사용해서 토론의 틀을 만들었어요. 우리에겐 끝없이 새로운 방법을 제시하게 하고, 시우샘은 그걸 계속 무너뜨리는 식이었어요. 그 틀이 깨지지 않고 토론 중간부터 끝까지 계속 이어졌어요. 지인이가 '그렇다고 해도 시우샘 말이 옳은 건 아니잖아요?' 하고 말했을 때 시우샘이 짜 놓은 토론의 틀이 깨질 뻔했다고 하셨죠?"

시우샘이 그런 말을 했다.

"그건 우리만 계속 매를 대신할 대안을 찾아야 하는 상황을 요구하는 '틀'을 깰 기회였어요. 시우샘에게 '왜 매를 때려야 하는지 정당한 이유를 제시하라'고 압박할 기회였죠. 그런데 우린 그걸 못 살렸어요. 시우샘이 '올바른 교육방법'이란 정의를 통해 저희를 계속 압박했는데, 사실 그건 저희가 시우샘을 공격할 무기였어요. '매'는 '올바른 교육방법'이 아니니까요. 사실은 저희가 훨씬 유리했던 틀로 토론을 끌고 갈 기회가 많았는데도 휘말려 든 거죠. 즉 논쟁의 틀이 시우샘이 유리한 쪽으로 잡혔고, 거기서 벗어나지 못했기 때문에 저흰 옳지 않다고 여기면서도 매를 맞는 걸 받아들여야만 하는 황당한 상황에 처한 거죠.”

아! 그렇구나. 듣고 보니 그랬다. 법칙 ⑤, 토론의 틀을 장악하라! 멋진 토론 승리 법칙이었다.

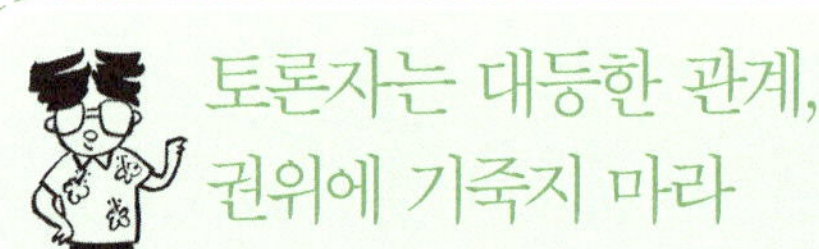

“너희들은 전혀 의식하지 못하겠지만, 아주 중요한 꼼수가 우리의 토론에 작용했어.”

“그게 뭐죠?”

“바로 꼼수 ⑧이야.”

꼼수 ⑧, 권위를 이용하기

“나는 선생님이고 너희보다 많이 알고, 토론도 많이 해봤어. 너흰 충분히 벗어날 기회가 많았음에도 내 권위에 눌렸던 거야. 물론 내가 꼼수와 법칙을 교묘하게 사용한 탓이기도 하지만, 너희가 내 권위에 주눅 들지 않았다면 전혀 다른 방향으로 토론이 전개됐을 거야.”

‘권위에 주눅 들지 마라! 토론자끼리는 대등한 관계다’ 하시며 시우쌤은 이 말을 몇 번이나 강조했다. 전문가든, 선배든, 선생님이든, 교수든, 박사든 주눅 들 이유는 전혀 없다고 했다. 세계에서 가장 유명한 사람이 했던 말이라도 그 말에 기죽을 만한 이유는 없다고 했다. 그들이 우리보다 많이 알지는 모른다. 유명한 사람의 말이 더 힘을 발휘할지도 모른다. 그러나 토론은 어디까지나 서로 대등한 위치에서, 대등한 토론자끼리 벌인다. 토론에서는 논리가 정당한지 여부만 따지면 된다. 권위는 일상에서는 필요할지 모르지만 토론에서는 전혀 필요 없다.

"토론에서는 오직 정확한 논리만이 정당한 수단이야. 나머진 전부 꼼수지."

꼼수와 법칙! 난 꼼수를 버리고 법칙을 제대로 익히겠다고 굳게 다짐했다.

아무튼 우린 피자 한 판을 얻었다. 비록 내가 공을 세우진 못해서 아쉽지만, 그거야 뭐 다음 기회가 생기겠지. 시우샘은 아주 비싼 피자를 사주셨고, 우리들은 맛있게 피자를 먹었다.

"근데, 시우샘 궁금해요. 시우샘은 부모가 자녀에게 매를 들어도 된다고 생각하세요?"

피자를 먹으며 고운이가 물었다. 내가 하고 싶던 질문이었다.

"되도록이면 매를 안 들어야 한다고 봐."

"그런데 아까 토론에서는 계속 된다고 하셨잖아요."

내가 따지고 들었다.

"하하하, 그거야 난 너희들 반대편에 서야 했으니까."

"시우샘, 법칙 ⑥, ⑦은 오늘 안 쓰셨네요. 그건 언제 배워요?"

고운이가 다시 물었다.

"오늘 너희들 논리에는 법칙 ⑥, ⑦을 쓸 필요가 없었어. 그거 쓰지 않아도 충분히 이기는데, 내가 왜 쓰겠어."

"그런데요 시우샘. 되도록 매를 안 들어야 한다는 말씀은, 그러니까 때론 매가 필요하단 얘기네요?"

석규다.

"날카로운 지적이야. 내 말에서 내 논리를 찾아냈구나. 그래 맞아. 네 말이 바로 내 생각이야."

"솔직히 의외네요. 저는 시우샘 같은 분은 매를 절대 들지 말아야 한다고 생각하실 줄 알았는데.”

석규의 말에 실망감이 묻어났다. 솔직히 나도 조금 의외였다. 시우샘 같은 선생님이라면 매는 절대 안 된다고 할 줄 알았는데…….

“석규야! 세상에 절대적으로 옳거나 틀린 게 얼마나 될까? 난 그리 많지 않다고 봐. 명쾌하게 옳고 그름을 판단하기 어려운 문제가 많기 때문에 토론이 존재하는 게 아닐까?”

시우샘은 자신의 ‘매 철학’을 길게 말씀하셨다. ‘매 철학’이란 말은 내가 지은 말이 아니고 시우샘이 쓰신 말이다. ‘매’에 왜 ‘철학’이 붙는지는 모르겠지만, 시우샘은 반복해서 ‘매’와 ‘철학’을 함께 사용했다. 시우샘의 ‘매 철학’은 매우 낯설었다. 시우샘의 ‘매 철학’을 결론만 얘기하면 이렇다.

“매로 인한 고통이 맞는 사람보다 때리는 사람에게 더 크고 아플 때, 오직 그때만이 매를 때릴 정당성이 생긴다.”

시우샘은 자신의 ‘매 철학’이 ‘때리는 사람의 매 철학’이라고 했는데, 맞는 사람의 ‘매 철학’은 말씀해주지 않았다. 난 곰곰이 생각했다. 어떻게 매를 맞는 사람보다 때리는 사람이 더 아프지? 그게 가능한가? 왜 그때만 매가 정당한 걸까? 매를 맞는 사람의 매 철학은 또 뭘까? 매를 맞는 데도 철학이 필요한가? 솔직히 어려웠다. 그러나 무언가 고정관념이 깨지는 기분이 든 건 분명했다.

그때 갑자기 우리 엄마의 매 철학이 생각났다.

“그런데 시우샘 그거 아세요. 저희 엄마 매 철학은 절약이에요.”

“절약? 때릴 때 매를 아끼시니?”

“그런 절약이면 좋죠. 저희 엄마는 저 혼낼 때는 전기비도 아깝다면서 전기를 꺼요. 그러니 저희 엄마 매 철학은 절약이죠.”

다들 내 말을 듣고 한참 웃었다. 난 같이 웃으면서도 솔직히 조금 씁쓸했다.

논리력과 창의력의 놀라운 결합 '유추'

시우샘은 『토론비법서』와 함께 우리들이 토론한 목소리를 녹음한 파일을 건네주었다. 녹음한 파일을 계속 들으면서 오늘 설명 들은 걸 반복해서 익히라고 했다. 난 정말 열심히 들었다. 『토론비법서』와 견주면서 듣고 또 들었다. 솔직히 나처럼 머리 안 좋은 학생은 열심히 반복하는 방법 말고는 대책이 없다. 머리 좋은 석규나 지인이는 한 번 듣고 이해하겠지만, 난 여러 번 듣고 살펴도 여전히 이해가 잘 안 되는 것투성이다.

그리고 내가 열심히 반복해서 듣는 이유는 고운이 목소리가 담겼기 때문이다. 고운이 소리가 나올 때마다 귀가 쫑긋 서고, 가슴이 두근거린다. 그 덕분에 고운이가 말한 부분은 토시 하나 틀리지 않고 다 기억한다. 물론 시우샘이 설명해줬던 내용도 생생이 기억난다.

엄마는 연애를 하면 공부에 방해된다고 하는데, 이런 걸 보면 연애가 공부에 훨씬 도움이 되지 않을까? 가만, 그런데 지금 내 논리가 『토론비법서』에 실린 정당한 방법인 거야, 꼼수인 거야? 아, 잘 모르겠다. 시우샘에게 여쭤보고 싶지만 고운이를 좋아하는 마음은 시우샘에게도 알리고 싶지 않다. 내가 고운이를 좋아하는 마음을 처음 드러내는 사람은 고운이어야 한다.

꼼수 ⑤, 트집을 잡아 공격하기

며칠 뒤 우린 다시 시우샘 연구실에 모였다. 다들 『토론비법서』를 보며 열심히 익힌 듯했다. 아무래도 내가 가장 부족해 보인다. 야! 박지원! 지레 겁먹지 말라고. 자신감을 잃지 마.

"집에 가서 『토론비법서』를 열심히 익혔는지 궁금한 걸."

"그럼요. 얼마나 열심히 했다고요. 전 『토론비법서』를 수십 번 봤어요."

"전 녹음 내용을 너무 많이 들어서 애들 숨소리까지 기억나요."

숨소리까지 기억난다고? 그건 진짜 뻥이지.

"야, 그건 심했다. 그럼 눈감고 숨소리만 들어도 누군지 알겠네. 한 번 해봐?, 해봐?"

나는 재미있겠다 싶어서 지인이에게 따지고 들었다.

"그만큼 많이 들었단 얘기지, 그걸 진짜로 따지냐? 너 진짜, 확!"

지인이가 손을 확 쳐드는 순간 솔직히 잠시 쫄았다. 에고, 남자 체면 구겼네.

"방금 대화에서 지원이가 멋진 꼼수를 썼어. 그게 뭔지 아는 사람?"

내가 꼼수를 썼다고? 엥, 난 그런 적 없는데?

"꼼수 ⑤, 주장하지 않았는데 주장한 것처럼 트집을 잡아 공격하기"

석규가 대답했다.

"설명해볼래?"

"지인이는 너무 많이 들어서 숨소리까지 기억난다고 했어요. 그런데 지원이는 그럼 눈감고 숨소리만 들어도 누군지 안다는 주장을 지인이가 했다는 식으로 몰아붙였어요. 당연히 지인이는 그런 주장을 하지 않았죠.”

“빙고! 흔한 수법이야.”

“우리 엄마도 많이 그래요. 제가 공부가 힘들어서 조금 쉬고 싶다고 하면 ‘그럼 넌, 공부 아예 안 할 거니?’ 하고 말해요. 전 그런 말 안 했는데.”

고운이가 공감을 표시했다.

“맞아요. 그냥 그 순간, 단 한 번 하고 싶지 않다고 말한 것뿐인데, 다 하기 싫어하는 사람으로 만들어요. 선생님들도 마찬가지에요. 어쩌다 한 번 실수를 하거나 규칙을 위반했을 때, 한 번 잘못했는데도 원래 그런 사람 취급을 해요.”

지인이도 같은 생각이었다.

“꼼수, 즉 잘못된 논리야. 너무나 흔한 실수지. 아니면 일부러 그러는지도 모르고.”

가만히 생각해보니 주장하지도 않은 걸 주장했다고 말해 놓고 공격하는 수법은 친구 사이에도 많다. 솔직히 고백하건대 나도 그런 수법 많이 써먹었다. 물론 일부러 하지는 않았다. 난 그게 잘못인지조차 몰랐다. 이젠 알았으니 조심해야겠다.

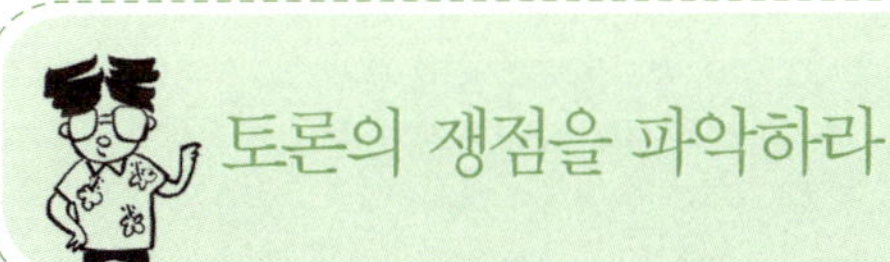

“서론이 길었네, 오늘도 열심히 『토론비법서』를 익혀보자. 꼼수든, 정당한 방법이든 제대로 익혀야 써먹든지 말든지 하니까. 이번 토론 주제는 이거야.”

시우샘은 책 한 권을 내밀었다. 『나의 라임 오렌지 나무』였다. 시우샘이 짚어 준 데를 고운이가 읽었다.

"아침에 일찍 일어나서 세르지뉴 집 정원으로 갔어요. 대문이 열려 있어서 재빨리 들어가 꽃을 하나 꺾었어요. 하지만 그 곳엔 꽃이 엄청 많아서 표시도 나지 않아요."

"그래도 그렇지 그건 옳은 일이 아니야. 더 이상 그런 짓을 하면 안 된다. 큰 도둑질이 아니라도 아무튼 도둑질은 도둑질이야."

"아니에요, 선생님. 안 그래요. 이 세상은 하느님 것이죠? 이 세상 모든 것이 하느님 거잖아요. 그러니까 꽃들도 하느님 거예요."

_『나의 라임 오렌지 나무』 (J. M. 데 바스콘셀로스, 동녘)

"와, 얘 진짜 똑똑하다. 몇 살이에요?"

"다섯 살. 『나의 라임 오렌지 나무』의 제제는 다섯 살이라고는 믿기지 않을 정도로 똑똑하지."

"시우샘, 이거 법칙 ③-1, 연역법이죠."

"정확해. 지원이는 제제가 어떤 식으로 연역법을 사용했는지 알겠니?"

물론 안다. 드디어 내 능력을 펼쳐 보일 기회가 왔다. 난 거침없이 칠판에 정답(?)을 적었다.

대전제	이 세상은 모두 하나님의 것이다.
소전제	세르지뉴 집 꽃도 하나님의 것이다.
결 론	세르지뉴 집 꽃을 꺾어 와도 도둑질이 아니다.

시우샘이 기특하다는 듯 나를 바라보았고, 나는 속으로 쾌재를 불렀다. 고운이를 흠칫 봤는데 살짝 놀라는 눈치다. 그런데 그 때,

“시우샘, 저건 약간 틀리지 않았나요?”

석규다. 도대체 뭐가 틀렸다고?

“법칙 ③−1에서 연역법은 X→Y, M⊂X, M→Y 라고 했어요. 지원이가 쓴 결론에서 ‘도둑질이 아니다’가 Y인 셈이죠. 그런데 대전제에 X→Y에서는 결론의 Y에 해당하는 말이 없어요.”

“그럼 네 생각엔 어떻게 고쳐야 완벽한 연역법이야?”

“음, 이렇게요.”

석규는 칠판 앞으로 나가더니 내가 쓴 걸 살짝 고쳤다.

대전제	이 세상은 모두 하나님의 것이므로 도둑질은 없다. (X→Y)
소전제	세르지뉴 집 꽃도 하나님의 것이다. (M⊂X)
결 론	세르지뉴 집 꽃을 꺾어 와도 도둑질이 아니다. (M→Y)

끙, 이럴 수가! 석규가 맞았다. 난 2% 부족했고. 고운이 눈에 감탄하는 빛이 역력해서 화가 났다. 석규에게 화가 난 게 아니라, 찾아온 기회를 제대로 살리지 못한 내게 화가 났다.

“그런데 이 논리는 말이 안 되죠.”

지인이다.

“제제와 선생님은 하느님을 믿겠지만, 세상엔 하느님을 아예 안 믿는 사람도 많잖아요. 그러니 대전제는 성립하지 않아요.”

“정확한 지적이야. 그럼 여기에 조건을 하나 달게. 모두가 하느님을 믿는 세상이라면 어떨까?”

“토론 주제네요. 모두가 하느님을 믿는 세상이라면 세르지뉴 집 꽃을 꺾은 게 도둑질이 아니라는 제제의 주장은 옳은가?”

지인이가 토론 주제를 정리했다. 와! 이거 진짜 골치 아픈 문제네.

“만약 토론 대회였다면 아무 소리 안하겠지만, 지금은 토론 학습이니까 미리 말하고 시작하자. 이 토론에서 핵심은 뭘까? 어디를 중심으로 토론이 이루어져야 하지?”

난 그 순간 재빠르게 『토론비법서』를 살폈다. 토론 법칙 내용이야 거의 다 기억하지만 보면서 생각하기랑은 다르니까. 이건 분명 법칙 ③에 나올 거야. 난 눈에 보이는 대로 재빠르게 읽었다.

법칙 ③-2, 상대가 연역법을 사용하면 X→Y 또는 M⊂X 부분이
타당한지 따진다. 전제를 무너뜨리면 결론은 자연스럽게 무너진다.

“오! 지원, 의외인 걸. 이렇게 빨리 찾아내다니. 그럼 대전제와 소전제 중에서 어떤 부분을 어떻게 따지고 들어가야 하지?”

헐! 읽기 바빠서 그건 미처……, 잠시만 생각해보고요. 아! 머릿속에 번개가 쳤다.

“소전제는 따지나 마나에요. 당연하니까요. 따질 건 대전제뿐이죠. 대전제 중에서 ‘이 세상은 모두 하느님의 것이므로’는 맞다고 가정했으니까 생각할 필요도 없어요. 남은 건 하나, 이 세상이 하느님의 것이라고 할 때 도둑질이 있느냐, 없느냐죠.”

시우샘 표정을 보니 내 설명이 정확했다. 와우! 내게 이런 날이 올 줄이야.

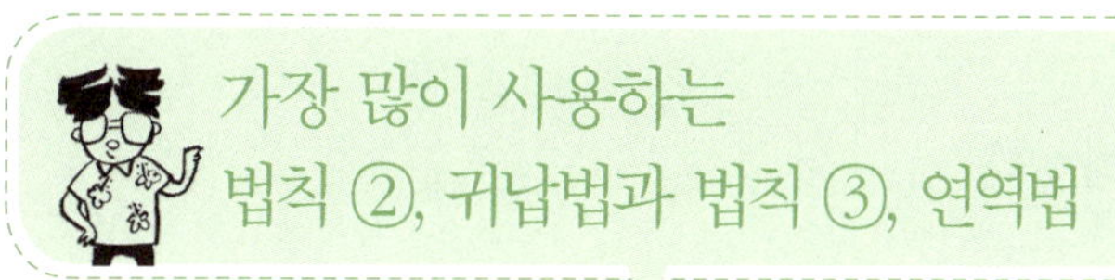

 이 세상이 하느님의 것이라고 가정할 때 도둑질은 존재하는가?

우린 이 주제로 편을 나누어 토론을 했다. (약간 아쉽지만) 나와 지인이가 한편, 석규와 고운이가 반대편이었다. 중간에 몇 번 시우샘이 끼어들기도 했다. 토론 내용은 녹음을 했고, 토론이 끝난 뒤 다시 들으면서 이야기를 나눴다.

× **지인** 하느님이 만든 건 세상 전부야. 인간도 하느님이 만들었어. 세상이 모두 하느님 것이므로 내 것, 네 것 구분하지도 못해. 당연히 도둑질은 없어.

시우샘 아, 잠깐! 존댓말을 쓰자. 너희들이 토론 대회에 나가면 아마 존댓말을 써야 할 거야. 따라서 토론 대회 준비를 잘하려면 존댓말로 토론 연습을 하는 게 좋아. 무엇보다 토론은 상대를 존중하는 태도가 기본이야. 그러니 존댓말을 사용해.

지인 넵.

○ **고운** 하느님이 만든 건 세상인데, 하느님이 만든 창조물은 모두 자연입니다. 인간은 자연에서 여러 가지 재료를 활용해 물건을 만들었습니다. 하느님이 재료를 주었지만 인간은 하느님이 주신 재료를 활용해 물건을 새롭게 만들었으니까, 새롭게 만든 물건은 그걸 만든 사람 거라고 봐야 합니다.

× **지원** 하느님이 재료를 주셨잖아요. 그러니까 그 재료를 이용해 물건을 만들었더라도 그 물건은 하느님의 것입니다.

"고운이가 법칙 ③, 연역법을 사용했어요."

"설명해보렴."

석규가 칠판에 썼다.

대전제	기존 재료를 활용했더라도 새롭게 만든 건 만든 이의 것이다.
소전제	사람은 하느님이 주신 재료로 새로운 물건을 만들었다.
결 론	따라서 사람이 새롭게 만든 물건은 사람의 것이다.

"제가 연역법을 썼어요? 전, 전혀 생각하지도 않고 썼는데."

"사람들은 대화 속에서 법칙 ③, 연역법을 굉장히 많이 사용해. 당연히 토론에서도 정말 많이 사용해. 일상에서 나누는 대화를 가만히 관찰하다 보면 너무나 많은 연역법에 깜짝 놀랄 거야. 대화뿐만 아니라 글에도 정말 많아. 다만 사람들은 자신이 연역법을 쓴다는 사실을 알아차리지 못할 뿐이지."

나는 법칙 ③-3에 눈이 갔다.

법칙 ③-3, 토론에서는 연역법을 사용하면서도 실제로 사용하는지 모르고 사용하는 경우가 많다. 이때 상대의 주장에 숨어 있는 전제조건을 찾아내 공략한다. 숨은 전제조건에는 허점이 있기 마련이다.

"시우쌤, 숨어 있는 연역법을 찾아내면 토론에서 상대편을 공격하기 쉽겠군요."

"그렇지, 그리고 지원이 넌 고운이 의견을 반박하면서 무의식적으로 숨어 있는 전제를 공격했어."

내가 법칙 ③-3을 바로 사용했단 말이야? 이거 놀라운 걸!

고운이의 대전제	기존 재료를 활용했더라도 새롭게 만든 건 만든 이의 것이다.
지원이의 공격	재료를 하느님이 주었기 때문에 재료를 이용해 물건을 만들었어도 그 물건

"토론할 때 사람들은 무의식적으로 연역법을 의식해. 전제를 공격할 때 공격의 초점은 대부분 대전제야. 소전제가 틀리는 경우는 별로 없거든. 대전제와 소전제가 맞으면 결론은 100% 맞으므로, 결론 부분은 공격이 불가능해. 너희들의 토론은 거의 대부분 고운이가 제시한 대전제를 두고 벌어져. 잘 들어봐."

○ **석규** 휴대전화를 생각해 봅시다. 휴대전화를 만드는 데 드는 재료는 전부 하느님이 주셨습니다. 하지만 인간은 하느님이 주신 재료를 활용해 하느님이 만들지 않은 전혀 새로운 물건을 만들었습니다.

○ **고운** 맞습니다. 여기 우리가 사용하는 책상도 마찬가집니다. 책상을 만든 나무는 하느님이 주셨습니다. 인간은 그 재료를 이용해 이 책상을 만들었고……. 하지만 이 책상은 하느님이 주신 나무랑 완전히 다릅니다. 인간은 기술을 이용해 새롭게 바꿨습니다. 그러니 이건 인간의 것입니다.

"토론할 때 연역법과 더불어 가장 많이 사용하는 방법이 법칙 ②, 귀납법이야. 적절한 예를 들어 설명하기, 통계를 들어 설득하기 등이 모두 귀납법이지."

"솔직히 토론하면서 석규와 고운이가 휴대전화와 책상 이야기를 하자 막막했어요. 저걸 어떻게 반박해야 하나 싶었거든요."

✕ **지원** 그래도 재료는 하느님이 주셨습니다. 재료가 없으면 아무것도 못 만듭니다.

○ **석규** 재료가 없으면 책상을 못 만든다고 했는데, 책상을 만든 건 인간의 기술입니다. 인간의 기술력이 없으면 책상도 못 만듭니다.

✕ **지원** 재료가 없으면 못 만듭니다.

○ 석규 　기술이 없으면 못 만드는 것도 마찬가집니다. 피장파장이죠.

"법칙 ④, 상대가 사용했던 논리를 그대로 사용해 상대를 공격하는 수법이지."
"제 나름대론 꽤 멋진 공격이라고 생각했는데, 석규가 저렇게 나오니까 뭔 말을 못하겠더라고요."
"그 뒤에 억지 논리를 들이댔다가 석규에게 된통 당하지."

✕ 지원 　그래도 나무가 먼저 만들어졌으니까 더 중요합니다.
○ 석규 　그럼 '먼저'면 무조건 중요합니까? 그럼 지원이 넌……. 저, 시우샘! 지원이를 뭐라고 불러야 하죠?
　시우샘 '지원 토론자'라고 불러.
○ 석규 　그러니까 지원 토론자는 누나가 지원 토론자보다 중요하겠군요. 누나가 먼저 태어났으니…….
✕ 지원 　그게 말이 되냐? 누나가 어떻게 나보다 중요해? 먼저 태어나면 다야?
　시우샘 존댓말, 존댓말! 흥분하지 말고.
○ 석규 　지금 지원 토론자가 말씀하셨네요. 먼저 태어났다고 해서 더 중요한 건 아니라고.

"상대의 말을 활용해 상대를 제압하라! 법칙 ④는 상대편을 굴복시키기 정말 좋네요."
"너, 그때 완전 멘붕이었어. 히히히."
"멘붕, 딱 맞네!"

"법칙 ④는 상대의 칼로 상대를 공격하기 때문에 상대를 멘붕에 빠뜨리지. 그리고 의식했는지 모르겠지만 석규는 방금 놀라운 방법 하나를 사용했어. 바로 법칙 ⑥이야."

법칙 ⑥ 비슷한 상황이나 조건을 근거로 주장을 펼쳐라 [유추]

01 유비추론(유추)은 두 상황이나 조건이 비슷한 걸 이용해 논리를 펼치는 방식이다. 유비추론을 적절히 사용하면 자질구레한 설명보다 확실한 설득력을 발휘한다. 더욱이 적절한 유비추론은 웃음을 유발하여 긴장을 누그러뜨리고, 평가자들이 내게 호감을 지니게 만든다.

02 유비추론은 기본적으로 비슷한 점을 근거로 한 것이지, 똑같은 상황이 아니다. 따라서 상대가 유비추론을 사용하면 그 유비추론에서 사용한 비슷한 점의 정당성을 공격한다.

03 유사성이란 근본적으로 부분적 유사성이다. 따라서 부분적 유사성이 지닌 한계점을 파고든다.

"법칙 ⑥은 유추인데, 비슷한 상황이나 조건을 근거로 주장을 펼치는 방식이야. 석규가 지원이 논리를 반박할 때 사용하지."

"서로 비슷한 상황을 이용해 공격하는 거군요."

"비슷한 상황은 상대가 쉽게 동의하는 사례를 제시하는 거구요."

"둘 다 맞아. 유추의 힘이지."

"그런데 유추는 법칙 ②의 구체적인 사례를 활용하는 부분과 비슷해 보이는데 뭐가 다르죠?"

"포함되느냐, 포함되지 않느냐의 차이야. 예시는 주장의 한 부분이야. 반면에 유추는 포함되지 않지."

"잘 이해가 안 되요."

"석규와 고운이가 예를 들었던 휴대전화와 책상은 하나님이 창조한 물건이 아니라 사람이 만들었다는 물건의 예야. 중학교 1학년 때 배우는 집합 개념을 생각해보면 돼. 휴대전화와 책상은 전체 집합의 원소야. 포함되지. 반면에 유추는 달라. 유추는 수학으로 따지면 '닮음'의 개념과 같아. 서로 비슷하게 생겼으니 원리나 성질도 비슷할 거란 주장이지."

난 '유추'와 '예시'의 차이를 이해했다. 그러다 문득 의문이 들었다. 닮았다는 건 비슷하단 말이지, 똑같단 말은 아니지 않는가?

"시우샘, 쌍둥이도 정말 비슷하게 생겼지만 다른 점도 있잖아요? 그러니 비슷하다고 해서 두 개가 같은 원리라는 주장은 옳을 때도 있지만, 틀릴 때도 있지 않나요?"

"정확한 지적! 지원이 네가 한 말이 바로 법칙 ⑥−2와 ⑥−3의 방법이야. 상대가 유추를 사용할 때 그 유추를 공격하는 방법이지."

"아! 맞아. 누나랑 나의 문제가 하느님이 나무를 창조한 것과 책상을 인간이 만든 것과 비슷하긴 하지만 다른 점도 분명히 있는데, 그때 너무 흥분해서 석규 말에 넘어가 버렸어요. 에이, 진짜! 억울하네."

"하하하."

"히히히."

× **지인**　하지만 기술력도 다 하느님이 주신 거 아닌가요?

× **지원**　맞습니다. 하느님이 뇌를 주셨습니다.

○ **고운**　엄마, 아빠가 저에게 생명을 주셨죠. 뇌도 주셨습니다. 하지만 그렇다고 제가 생각한 게 다 엄마 건가요?

× **지원**　그건 그렇지만…….

"또다시 고운이가 유추를 사용했군요. 하느님이 뇌를 주셨다는 상황이, 엄마 아빠가 뇌를 준 것과 유사함을 이용해 반박을 했네요. 와! 유추, 정말 끝내준다. 할 말이 없게 만드네."

× **지인**　그런데, 제제가 가져간 건 꽃이잖아요. 꽃은 사람이 만든 휴대전화나 책상과는 달라요. 꽃은 말 그대로 하느님이 만들었습니다.

○ **석규**　제제가 들에서 꽃을 꺾었다면 맞는 말입니다. 그러나 제제는 남의 집 화단에서 꽃을 꺾었습니다. 그 꽃은 자연에서 자란 꽃과는 다릅니다. 사람의 노력이 들어갔으니까요.

× **지인**　물론 인간의 노력이 조금 들어갔습니다. 하지만 바람, 물, 햇빛, 공기, 흙 등 하느님이 창조하신 것들이 훨씬 많은 기여를 했잖아요. 씨앗도 하느님이 창조하신 거니까 인간이 한 일이라곤 정말 조금 밖에 없습니다.

○ **석규**　조금이라도 인간의 손이 갔으니까 소유권이 그 집에 있다고 봐야 합니다.

　예전에 우리 반에서 모둠 수업을 했습니다. 그때 6명이서 한 모둠을 이뤄 정말 열심히 노력해서 모두가 인정할 만큼 멋진 작품을 만들었습니다. 그런데 끝나고 나니까 어떤 애가 마치 자기가 다 한 것처럼 떠들고 다녔습니다. 사실은 제일 적게 노력한 애가 말입니다. 그거랑 지금 꽃 키우는 얘기랑 똑같습니다. 가정 적게 노력해 놓고 자신이 다 한 것처럼 행동하는 애나, 꽃 키우는 데 조금 기여해 놓고, 이게 자기 거라고 주장하는 인간이나 똑같지 않습니까?

"와, 저때 지인이가 그런 식으로 치고 들어와서 솔직히 엄청 당황했어요."

"유추의 힘이지. 유추는 정말 강력한 힘을 발휘해. 순식간에 토론의 주도권을 빼앗아 오고, 상대가 지닌 논리를 허물어 버리지. 무엇보다 토론 평가자들의 마음을 빼앗아. 멋진 유추는 머릿속에 생생하게 남기도 하고, 굉장히 뛰어난 토론자란 느낌을 심어주기 때문이야."

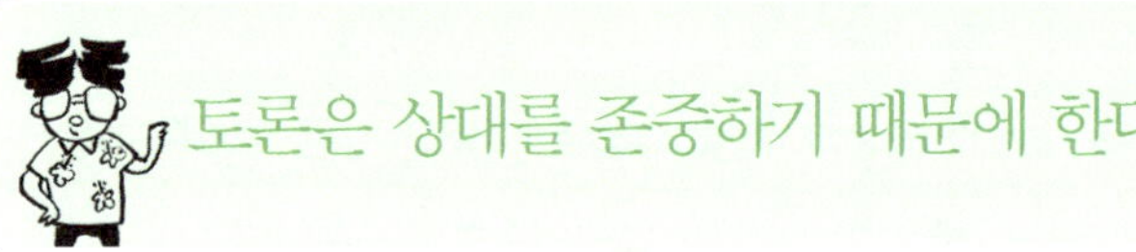

나는 지인이가 부러웠다. 나도 저런 능력을 길러야 하는데……. 내가 토론할 때 지인이처럼만 했어도 고운이가 날 달리 봤을 텐데. 괜히 누나 때문에 화내는 모습만 보이고, 고운이는 나를 못난 놈으로 볼 게 뻔하다. 씁쓸했다.

　만약에 제제의 논리가 성립한다면 모두가 하느님을 믿는 세상에선 자기 물건이 없습니다. 그렇게 되면 누가 일을 하려고 하겠습니까? 자기 것이 없으니 마구잡이로 필요하면 들고 가 버리겠죠.

○ 석규 　맞습니다. 자기가 만들어도 자기 물건이 되지 않으니 아무도 물건을 만들려 하지 않을 것이고, 다들 대충 살 것이고, 우린 완전히 원시적인 삶을 살 것입니다.

○ 고운 　현대에 제제와 같은 논리가 맞다고 한다면 다들 난리가 날 것입니다. 아마 세상이 망할 정도로 혼란스러워질 것입니다.

"고운이와 석규는 연역법을 다시 사용했어. 이젠 알겠지?"

어렴풋이 알 듯했지만 정확히 모르겠다.

"대전제, 자기 것이 되지 않으면 열심히 노력하지 않는다. 소전제, 물건을 만들어도 자기 것이 되지 않는다. 결론, 따라서 물건을 만들려고 노력하지 않는다."

× 지원 　그건 꼼수입니다. 협박이에요. 원시인으로 살고, 세상이 망할 정도로 혼란스럽다는 말은 가능성이 별로 없습니다. 꼼수①을 보세요. 그런 건 협박이라고 분명히 나와 있습니다.

○ 석규 　아니, 그게 어떻게 꼼수 ①입니까? 지원 토론자야말로 꼼수를 쓰고 있습니다.

× 지원 　제가 무슨 꼼수를 쓰고 있단 말입니까?

○ 석규 　꼼수 ⑬, 상대의 주장을 극단적이고 현실성이 없다고 몰아붙인다.

× 지원 　석규 토론자야말로 제 주장을 극단적으로 몰아가는 중입니다.

아! 다시 들어도 열 받는다. 내가 쓴 게 꼼수라니, 말도 안 돼.

시우샘 　토론에서 적극적인 건 매우 좋아. 그러나 적극적인 걸 넘어 상대를 지나치게 공격하면 토론 평가자들에게 반감을 사. 우리도 평소에 너무 강하게 나오는 사람을 보면, 그 말이 맞더라도 괜히 싫어지잖아. 그러니까 토론에서 흥분하고, 지나치게 공격적인 말을 하면 토론의 주도권을 쥐더라도 오히려 좋지 않은 결과를 낳기도 해.

석규/지원 죄송해요.

시우샘 나한테 죄송할 일은 아니고. 토론은 상대를 존중하기 때문에 하는 거야. 존중하지 않으면 토론할 이유가 없지. 그러니 상대를 무시하거나, 인신공격을 하지는 말자. 그거야말로 꼼수 ②지. 상대를 나쁜 사람으로 만드는 공격은 가장 저급하고 비겁한 꼼수야. 그런 건 정치인들이 많이 쓰는데, 너흰 그런 거 쓰지 않으면 좋겠어.

토론은 상대를 존중하기 때문에 한다는 말이 가슴을 울렸다. 난 토론은 이기기 위해서 한다고 생각했다. 또한 토론 대회에서 우승할 욕심이 생기다 보니 승리를 향한 집착이 강해졌다. 그런데 이기기 위해서가 아니라 상대를 존중하기 때문에 토론을 한다는 말을 듣고, 고정관념 하나가 무너지는 기분이 들었다. 존중하기 때문에 하는 토론! 이기기 위해서가 아니고.

"그나저나 시우샘, 토론은 누가 이겼어요?"

존중하기 때문에 하는 토론이긴 하지만, 역시 승부는 중요하다.

"네가 다시 들어보니 어때?"

솔직히 우리가 졌다.

"네 얼굴을 보니 누가 이기고, 누가 졌는지 알겠네. 솔직한 건 좋은 거야."

"앗싸! 아이스크림 하나 줄었다."

고운이가 신 나게 말했다.

"아니, 그게 무슨 말이야?"

"전에 지인이에게 스티커 얻으면서 아이스크림 사준다고 했잖아요."

"그랬지."

"그거 이번 토론하면서 제가 지면 하나 더 사주고, 이기면 하나 깎아달라고
했거든요."

"그거, 아직도 거래 정리 안 했어?"

"말도 마세요. 계속 미뤄요. 내가 믿는 게 아니었는데……"

지인이가 투덜거렸다.

타협의 힘, 팽팽한 접전을 승리로 바꾸는 한 수

잠시 쉬고 난 뒤에 다음 토론을 진행했다.

"이번 토론 주제는 이거야."

시우샘이 종이를 내밀며 말씀하셨다.

토론 주제 3 **지도자의 삶과 따르는 자의 삶 중에서 무엇이 더 나은가?**

가위바위보로 팀을 정했다. 이번엔 지인이와 석규가 한편이 되었다. 당연히 고운이가 내 편이다. 드디어 고운이가 내 편이다. 잠시 흐뭇했다. 하지만 실력파인 석규와 지인이가 반대편이 된 상황을 의식하자 조금 갑갑했다.

"시우샘, 솔직히 이건 좀 안돼요. 둘은 너무 잘하잖아요."

"겁먹었구나?"

그 말을 듣자 확 자존심이 상했다. 좋아! 고운이와 한편이면 더 좋지 뭐. 어디 해보자!

"네가 어렵다고 했으니까 너랑 고운이가 먼저 의견을 정할 기회를 줄게."

난 잠시 고운이와 의논을 했다. 논리가 더 많은 쪽이 좋아 보였다. 사람은 누구나 다른 사람 밑에서 굽실거리기 싫어한단 생각이 들었다. 법칙 ⑤가 생각났다. 난 고운이에게 조용히 속삭였다.

"논쟁의 틀을 자유와 복종으로 끌고 가자."

"우리가 자유, 저쪽이 복종?"

"응, 그런 논쟁의 틀이면 우리가 확실히 유리하잖아."

"법칙 ⑤! 좋은 방법이다."

우린 승리를 확신했다. 자유와 복종이 대결하면, 당연히 자유가 이긴다. 뭐 그거야 말하지 않아도 뻔하다. 나는 거기에 아이디어가 하나 더 떠올랐다. 그건 고운이에게 미리 말하지 않았다. 결정적인 순간 써먹을 카드로 남겨뒀다. 난 이미 승리를 한 듯이 기뻐했다. 고운이와 한편이 되어 승리를 거둔다면……, 생각만 해도 짜릿하다.

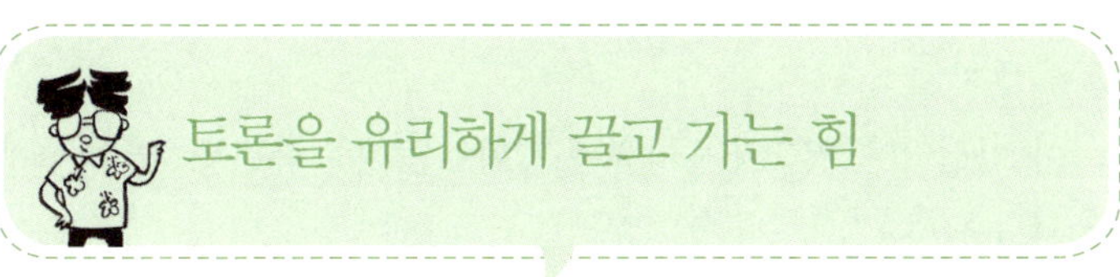

내 생각대로 이겼냐고? 미리 말해주지 않겠다. 결과를 미리 알면 재미없으니까. 우린 토론을 마친 뒤 녹음한 걸 들으며 얘기를 나눴다.

○ **지원**　사람은 누구나 다른 사람 밑에서 굽실거리기 싫어합니다. 지도자는 남보다 위에 있고, 따르는 사람은 지도자보다 밑에 있습니다. 그러니 당연히 지도자의 삶이 따르는 자의 삶보다 훨씬 낫습니다.

✕ **지인**　지금 지원 토론자는 따르는 자가 굽실거린다고 표현했는데, 그건 옳지 않

습니다. 따르는 자라고 무조건 굽실거리지 않습니다. 여기서 지도자는 책임이 큰 사람이고, 따르는 자는 책임이 작은 사람입니다. 책임이 크면 그만큼 자유가 사라집니다. 자유 없는 삶을 살아선 안 됩니다.

"솔직히 이때 정말 황당했어요."

"왜?"

"사실은 저희가 '자유 vs 복종'으로 논쟁의 틀을 끌고 가기로 했거든요. 당연히 우리가 자유, 상대편이 복종이었죠. 그런데 지인이가 따르는 자는 자유롭고, 지도자는 자유가 없다고 해 버리니까 완전히 반대가 돼버렸잖아요."

"법칙 ⑤, 토론의 틀을 장악하는 자가 토론을 주도하게 되지. 더욱이 지인이는 지도자와 따르는 자의 뜻을 전혀 새롭게 정의 내렸어."

"맞아요. 보통은 지위가 높은 사람과 낮은 사람이라고 생각하죠. 그런데 저희는 그걸 깨기 위해 일부러 책임이 큰 사람이냐, 작은 사람이냐로 나눴어요."

"훌륭해. 아주 멋지게 법칙 ⑤를 써먹었어."

○ **지원** 아, 아닙니다. 지도자는 자유롭고, 따르는 자는 복종을 하니까 자유롭지 못합니다.

✕ **석규** 말했다시피 지도자는 책임이 크고, 따르는 자는 책임이 작습니다. 책임이 크면 그만큼 부자연스럽지 않나요?

○ **지원** 그건 그렇지만……, 이건 '자유냐 복종이냐'의 문제입니다.

✕ **석규** 따른다고 해서 무조건 복종하는 건 아닙니다. 옛날 왕조 시대도 아니고, 지금은 밑에 있다고 종처럼 따르지 않습니다.

"일방적으로 밀리네."

"논쟁의 틀이 저희가 생각했던 방향이랑 완전히 달라지니까 어떻게 할지 갈피를 못잡겠더라고요.”

○ **지원** 맞습니다. 종! 종은 노비 아닙니까? 그러니까 석규 토론자는 주인이 좋습
니까? 종이 좋습니까?

✕ **석규** 아니, 그게 여기서 왜 나옵니까?

○ **지원** 그러니까 주인이에요? 종이에요? 당연히 주인이잖아요. 그러니까 지도자
가 훨씬 낫습니다. 누구나 노예는 싫어하니까요.

“전, 이걸로 주도권을 잡았다고 생각했죠. 처음 생각했던 회심의 일격이었으
니까.”

“지인이에게 바로 깨졌지. 하하하.”

“에효, 그러게요.”

✕ **지인** 지금 지원 토론자는 토론의 주제를 지나치게 단순화시켜서 저희에게 양자
택일을 요구하는 꼼수를 쓰고 계십니다.

○ **지원** 꼼수라뇨? 도대체 뭔 꼼수를 썼다고?

✕ **지인** 이 토론은 ‘주인 vs 노예’가 아니라 ‘지도자 vs 따르는 자’입니다. 그런데 지
원 토론자는 ‘주인 vs 노예’로 토론 주제를 단순화시켜 저희에게 양자택일
을 요구하고 있습니다. 토론을 잘못된 방향을 끌고 가려고 일부러 그렇게
하신 건지, 아니면 문제의 핵심을 모르고 그렇게 하시는지 모르겠군요.

“완전 KO야!”

“그제야 전 제가 회심의 일격으로 준비했던 논리가 꼼수 ⑥인 걸 알았어요.”

꼼수 ⑥, 선택을 단순화시켜 양자택일을 요구하기

"지인이가 아주 중요한 걸 했어. 상대가 꼼수를 쓸 때는 그게 왜 꼼수인지 정확하게 지적해. 그리고 그를 통해 상대가 나쁜 의도를 품었거나, 무능력하다고 말하는 거야. 그럼 토론에서 주도권을 잡을 뿐만 아니라, 토론 평가자들의 지지도 얻게 되지."

"근데 시우쌤, 그것도 꼼수 ⑥ 아닌가요?"

고운이가 물었다.

"왜 그렇게 생각해?"

"지원이는 실수로 그렇게 했을지도 몰라요. 아니면 다른 이유가 있을지도……. 그런데 나쁜 뜻으로 했든, 아니면 무능하든지 둘 중 하나다는 식으로 몰아가는 건 꼼수 ⑥이잖아요. 일부러 양자택일, 둘 중 하나인 듯 보이게 했으니까요."

"정확한 지적이야. 여기서 중요한 건 둘 다 꼼수를 썼는데, 지원이의 꼼수는 무너졌고, 지인이의 꼼수는 아주 날카롭게 적중했다는 점이야. 지인이가 지원이보다 한 수 위였던 셈이지."

○ **고운** 그런데 사람이라면 누구나 남보다 위에 서고 싶지 않나요? 솔직히 우리나라에서 교육 경쟁이 치열한 이유도 남보다 위에 서고 싶어서잖아요. 그러니까 대다수 사람들은 지위가 더 높은 자리에 오르고 싶어 합니다.

✕ **석규** 물론 현실은 그렇습니다. 하지만 남보다 높은 지위에 오르려고 노력하는 게 바람직하다고 볼 수는 없습니다. 우린 현실이 아니라 누가 더 나은지 논리적으로 따지는 토론을 벌이는 중입니다.

"고운이가 지금 아주 잘했어. 상대가 파 놓은 논쟁의 틀에서 벗어나려고 시도했잖아. 그러면서 빼앗겼던 토론의 주도권을 어느 정도 찾아왔어."

휴, 고운이가 없었으면 완전 일방적으로 깨질 뻔했다.

"석규도 잘 대응했어. 고운이는 법칙 ②, 구체적인 사례를 활용해 주장을 뒷받침하려고 했어. 사회 현상을 예로 들어 주장을 뒷받침했지. 사실 이 사례는 굉장히 강력한 공격이었어. 그런데 석규는 그걸 부정하지 않고 '현실은 그렇지만, 그게 옳은 건 아니다'는 식으로 피해 버렸어. 현실이 아니라 논리적인 토론을 벌이는 중이다! 아주 효과적인 대응이었지."

석규! 너무 강한 상대다. 솔직히 질투가 난다. 그렇지만 저 녀석 때문에 토론 대회에서 승리할 가능성도 높다. 질투가 나지만 필요한 친구, 기분이 묘했다.

"그건 무슨 토론 법칙이죠?"

고운이가 물었다.

"상대의 강한 면과 부딪치지 마라! 내 강한 면을 강조하라! 법칙 ⑤, 토론의 틀을 장악하는 방법이지."

"그게 왜 법칙 ⑤죠? 꼼수처럼 느껴지는데요."

"물론 꼼수 ⑤라고 여길 만도 해. 그리고 잘 생각해봐. 만약 현실적인 상황을 따지면 누가 유리할까?"

"당연히 지원이랑 제 편이 유리하죠. 우리 주변을 보면 다 윗자리를 차지하기 위해 애쓰니까요."

"이론적인 상황을 따지면 누가 더 유리할까?"

"석규와 지인이가 더 유리해요. 아니 꼭 유리하다기보다 저희 편에게 유리한 점이 많이 사라져요."

"그래서 법칙 ⑤, 토론의 틀을 장악해서 자신이 유리한 쪽으로 끌고 가는 힘이 중요한 거야. 논쟁의 틀, 토론의 쟁점을 자신이 유리하게 끌고 갈 줄 알면 토론에서 승리할 확률은 80% 이상이야."

○ **고운**　물론 지도자는 책임이 커서 자유가 적을지도 모릅니다. 그러나 사회에 많은 기여를 할 가능성도 늘어납니다. 따르는 자는 사회에 좋은 일을 많이 하고 싶어도 지위가 낮아서 하기 어렵습니다.

○ **지원**　맞습니다. 사회에 좋은 일을 더 많이 해야 더 나은 삶입니다. 지도자는 따르는 자들보다 훨씬 더 많이 좋은 일을 할 수 있습니다. 그러니 지도자가 더 나은 삶입니다.

"와우! 법칙 ③을 이렇게 멋지게 사용하다니! 놀라워!"

시우샘 칭찬을 들으니 너무 기뻤다. 솔직히 그때 어떻게 법칙 ③이 떠올랐는지 모르지만, 갑자기 떠올랐다. 잃어버린 주도권도 되찾았다.

"법칙 ③, 연역법을 사용하면서 논리적으로 힘도 갖추었고, 더불어 논쟁의 틀을 자기 쪽으로 유리하게 만들었어."

"동의해요. 솔직히 조금 흠칫했어요. 세상에 더 많은 공헌을 하는 게 지도자냐, 따르는 자냐? 토론의 쟁점이 이런 식으로 형성되면 저희가 불리하다고 여겼거든요."

"충격은 잠시였지."

✕ **지인**　지도자나 따르는 자나 사회에 공헌할 기회는 크게 차이가 나지 않습니다. 예를 들어보죠. 삼국지에 제갈공명과 유비가 나오는 건 아시죠?

○ **지원/고운**　네.

× **지인**　두 사람 중에 누가 더 큰 공을 세우나요? 누가 더 큰 영향을 끼치죠?

○ **지원**　당연히 제갈공명이죠.

× **지인**　유비는 지도자고, 제갈공명은 따르는 자에요. 그런데도 제갈공명이 더 많은 영향을 끼쳤습니다.

× **석규**　그뿐 아닙니다. 초한지를 보면 유방과 항우가 싸울 때 유방 밑에 있던 한신, 장량 등이 유방보다 훨씬 큰 공을 세웁니다. 솔직히 한신과 장량이 없었다면 유방은 천하를 통일하지 못했습니다.

초한지? 한신과 장량? 난 할 말을 잃어 버렸다. 고운이도 나와 비슷했다. 도대체 아는 소리를 해야 뭐라고 하든지 말든지 하지. 석규의 해박한 지식에 완전히 주눅이 들어 버렸다.

× **석규**　지금도 제갈공명이나 장량, 한신은 뛰어난 참모요, 장군으로 칭송을 받습니다. 역사에도 훨씬 큰 영향을 끼쳤습니다. 삼국지나 초한지를 보면 지도자보다 참모의 역량에 따라 세상이 크게 달라집니다. 지도자는 오히려 세상을 망치는 역할, 즉 악역을 맡는 경우가 훨씬 많습니다.

"칭송, 역량, 초한지! 휴~, 이런 말 하면 뭐하지만 솔직히 완전히 주눅이 들었어요."

"나도 느꼈어. 지인이와 석규는 법칙 ②-2를 잘 활용했어. 또한 꼼수 ⑨를 사용해 상대의 기를 죽이는 방법도 썼지. 적절한 토론 법칙과 꼼수를 결합하면 아주 막강한 힘을 발휘해."

꼼수 ⑨, 어려운 단어나 지식을 늘어놓기

“이건 뭐, 당할 수밖에 없네요.”

난 절망하며 말했다.

“아니, 충분히 반격이 가능해. 법칙 ③-5를 봐. 역사는 과거일 뿐이야. 우린 지금을 중심으로 토론하는 중이고……. 그러니까 상대가 역사적인 증거를 들이대면 그게 현실과 맞는지 따져보면 돼. 조금 전에 석규가 논쟁의 틀을 현실이 아닌 이론적인 면으로 끌고 갔지?”

“네.”

“너희 둘은 그냥 석규 의도대로 끌려가 버렸어. 너희가 끝까지 현실론으로 맞섰다면 토론은 전혀 달라졌을 거야. 역사 문제도 마찬가지야. 지금 우리가 처한 현실을 따지면 돼.”

“시우쌤이라면 어떻게 하셨을까요?”

“꼼수 ⑫를 사용하면 간단하잖아. 그건 아주 옛날, 아주 특수한 경우일 뿐이라고 해 버리지.”

꼼수 ⑫, 타당한 예시를 특수한 경우라고 우기기

“꼼수잖아요. 꼼수는 나쁜 거 아닌가요?”

“전에 얘기했지만, 꼼수와 법칙은 종이 한 장 차이야. 제갈공명과 장량, 한신의 사례가 일반적인 사례일까? 그들이 보통 사람인가?”

“아! 그렇군요.”

“그리고 이건 꼼수 ⑫이기도 하지만, 법칙 ③과 ④, 어떤 예를 상대가 들면 그게 일반적으로 적용되는지 여부를 따지라는 것과 같아.”

“아! 네!”

시우쌤은 참 대단하다. 어떻게 이 짧은 순간에 저런 생각을 다 하는 걸까?

“그리고 너희가 역사를 잘 몰라서 일방적으로 밀렸지만, 지도자가 얼마나 중요한지를 보여주는 역사적 사례는 굉장히 많아. 너흰 그걸 쓰지 못했을 뿐이야. 상대가 역사를 들고 나오면 나도 역사를 들고 나와 맞불을 놓아도 되지. 그럼 서로 피장파장! 논쟁은 대립을 이어가게 되지."

법칙 ⑦, 타협의 힘을 활용하라 [타협]

O **지원**　지도자도 큰일을 한 경우가 많습니다.

✕ **지인**　참모들이 큰일을 하는 경우도 아주 많습니다. 그리고 참모들은 딱 자기 힘에 맞는 역할만 하면 되지만, 지도자는 자기 능력을 넘어선 일도 해야 합니다. 그래서 세상에 나쁜 영향을 많이 끼칩니다. 자유롭지도 못합니다. 그러니 당연히 따르는 자가 훨씬 좋습니다. (잠시 모두 침묵)

시우샘　지원이랑 고운이는 더 이상 할 말이 없나 보네. 여기서 토론을 끝낼까?

(난 졌다고 생각하고 끝내자고 말하려 했다. 그러나 그때 고운이가 말을 꺼냈다.)

O **고운**　지금까지 석규, 지인 토론자는 자유를 강조했습니다. 따르는 자가 책임에서는 자유로우면서도 큰일을 할 수 있다고도 했습니다. 저도 석규, 지인 토론자처럼 자유가 중요하다는 말에 동의합니다. 그렇지만 자유에는 책임이 따릅니다. 책임이 없는 자유는 자유가 아니라 방종이라고 배웠습니다. 따르는 자가 더 낫다는 주장은 자유는 누리고 책임을 지지 않겠다는 태도입니다. 그건 자기 자신만 자유로우면 된다는 이기적인 생각입니다. 책임이 따르는 자유야말로 진정한 자유이며, 다른 사람을 위해 더 많은 일을 할 위치에서 더 큰 책임을 지고 사는 삶이야말로 인생에서 진짜로 도전해볼 만한 가치가 있다고 생각합니다.

✕ **지인**   물론 자유엔 책임이…… 따르죠. 그래도 지도자는 너무 큰 위치 때문에 부담스럽고 힘겨운 자립니다.

○ **고운**   힘겨워서 사회적 책임을 다하는 일을 피하는 사람이라면 그 어떤 자리에서도 마찬가지일 거라고 봅니다.

짐작하겠지만 우리가 토론에서 이겼다. 사실은 고운이가 이겼다. 고운이는 의외로 깊은 생각을 할 줄 안다. 솔직히 내가 그래서 고운이를 좋아한다. 공부를 잘하는 것도, 책을 아주 많이 읽거나, 똑똑한 것도 아닌데 요즘 청소년 같지 않게 깊은 생각을 할 줄 안다.

"고운이 쪽이 왜 이겼을까?"

"논쟁의 틀을 바꿔 버렸어요. 법칙 ⑤를 아주 멋지게 사용했죠. 더욱이 그게 토론 막바지에서 주도권을 확 잡았기 때문에 반격할 틈도 없었어요."

"고운이가 토론의 틀을 장악했지. 하지만 그보다 더 중요한 방법을 썼어. 토론 법칙 마지막이자, 내가 생각하기에 『토론비법서』 최고의 법칙을 사용했기 때문이지."

"혹시 그게 법칙 ⑦인가요?"

시우샘이 고개를 끄덕였다. 난 얼른 법칙 ⑦을 찾아서 다시 봤다.

 ## 법칙 ⑦ 타협의 힘을 활용하라 [타협]

01 사람들은 타협을 좋아하고, 아량이 넓은 사람에게 호감을 보인다. 상대 주장을 받아들이면서 한 걸음 더 나아가는 논리를 제시한다.

02 상대의 장점을 인정한다. 상대의 의견을 받아들인다. 그리고 상대의 장점보다 내 장점이 더 크고, 많다는 점을 강조한다. 서로의 장점을 견줘서 더 많은 쪽을

선택해야 합리적이다.

03 상대의 장점을 인정한 뒤 타협한다. 그리고 상대의 주장을 내 주장으로 끌어들여서 한 걸음 더 나아가는 주장을 펼친다. 이때 내 주장을 중심에 두고 상대 의견을 덧붙이는 방식을 사용한다.

04 토론할 때 상대를 지나치게 공격하지 않는다. 상대 의견을 존중하는 태도는 토론에서 기본이다. 상대 의견을 일정 부분 수용하는 태도를 취한다. 따라서 토론을 할 때는 상대 의견을 부정하는 '하지만, 그런데'와 같은 접속사보다는 '그리고'를 사용한다.

"고운이는 반대편이 주장했던 자유를 인정했어. 그리고 반대편이 계속 부정적으로 얘기했던 책임의 긍정적인 면을 찾아냈어. 그리고 그 둘을 결합했지. 더욱이 자기 편이 계속 강조했던 사회적으로 큰 공헌을 한다는 점까지 결합시켰어. 결국 사회적으로 큰 공헌을 하면서 책임지는 삶이 고귀하고 멋진 삶이며, 그렇지 않은 삶은 개인적인 자유만 추구하는 무책임한 사람으로 만들어 버렸지. 이런 구도가 만들어지면 99% 사회적 공헌과 책임을 다하는 쪽이 이기지."

"법칙 ⑤와 ⑦의 결합이군요. 정말 막강한 힘이네요."

"TV에 나오는 정치 토론이나 토론 대회를 보면서 가장 아쉬웠던 게 바로 법칙 ⑦을 전혀 사용하지 않는다는 거였어. 왜 상대 의견을 부정하려고만 하지? 상대 의견이 100% 틀리고, 자기 의견만 100% 맞는 건가?"

"그렇진 않죠. 하지만 토론 대회이고, 정치 토론이니까 어쩔 수 없지 않나요?"

"아니지, 토론은 상대를 존중하기 때문에 하는 거야. 상대를 100% 부정하면 토론을 왜 하겠어. 세상의 모든 사물과 상황에는 양면이 존재해. 완전히 좋고, 완전히 나쁜 선택이란 극히 드물어. 어떤 선택을 하든 장점과 단점은 존재하기 마련이야. 따라서 장점과 단점을 견줘서 장점이 더 크고, 단점을 감당할 만할 때 선택을 하는 거지. 그게 인간이 지닌 근본적인 한계야."

조금 어려운 말이었다. 그렇다고 무슨 말인지 전혀 모를 수준은 아니었다.

 토론과 기회비용의 원리

"경제학에서는 이를 기회비용이라고 해."

"기회비용이 뭐죠?"

"예를 들어 설명해줄게. 선택 A와 B가 있을 때 선택 A를 하면 얻을 이익이 10,000원, 선택 B를 하면 얻을 이익이 1,000원이라고 해봐. 그럼 넌 뭘 선택할 거야?"

"당연히 A를 선택하죠."

"A를 선택해서 본 손해, 즉 B를 선택하지 않아서 본 손해는 얼마야?"

"1,000원이요."

"그게 기회비용이야."

"그럼 B를 선택할 때 기회비용은 10,000원이겠네요. 그러니까 기회비용이 적은 걸 선택하란 뜻이군요. 기회비용은 어떤 것을 선택할 때 손해를 보는 비용이네요. 당연히 손해가 적은 걸 선택해야죠."

"우린 어떤 선택을 할 때 기회비용이 0이기 때문에 선택하는 것은 아니야. 다른 기회비용과 견줘서 상대적으로 적기 때문에 선택을 할 뿐이야. 토론할 때 상대를 완전히 부정하는 태도는 내 선택은 기회비용이 0이라고 주장하는 거나 마찬가지야."

"법칙 ⑥, 유추! 지금 시우샘은 기회비용과 토론의 유사성을 바탕으로 논리를 전개하셨어요."

지인이가 뜬금 없이 끼어들었다.

"오케이! 정확한 지적. 토론할 때 상대의 기회비용이 0이라고 주장하지 마. 나의 선택으로 인한 기회비용이 상대의 선택으로 인한 기회비용보다 적다는 점만 증명하면 그걸로 충분해. 그래서 타협이 필요하지. 물론 그건 타협처럼 보이지만 실제로는 내 주장이 더 낫다는 점을 증명하는 새로운 수단이야."

그때 갑자기 궁금한 게 떠올랐다.

"그런데 시우샘, 시우샘이 쓰신 『철학은 선생님보다 힘이 쎄다』를 읽었는데, 거기서 시우샘은 '중립'은 없다고 하셨잖아요. 지금 말씀과는 충돌하는 논리 아닌가요?"

"당연히 중립은 없지. 그리고 내 말은 중립을 하라는 말이 아니라 내 주장을 중심으로 하되, 상대 의견을 받아들이는 열린 마음을 갖추란 말이야. 상대를 인정하는 자세가 중요하다는 뜻이야. 상대 의견이 전혀 합리적이지 않다면 당연히 상대 의견을 받아들일 필요가 없어. 그러나 인정은 해야지. 그게 토론자의 기본 자세야."

상대를 인정하라!

법칙 ⑦은 쉬우면서도 어려웠다. 솔직히 그 원리를 실제 상황에서 쓸 수 있을지도 잘 모르겠다. 아무튼 상대를 인정하는 게 토론자의 기본자세라는 시우샘의 말은 내내 내 마음 속에서 떠나지 않았다.

05

꼼수를 활용한 토론 전략 가이드

난 약속 시간보다 조금 늦게 도착했다. 기분이 정말 나쁜 상태였다. 엄마와 다퉜기 때문이다. 무슨 일로 다퉜는지는 굳이 말하고 싶지 않다. 이제 토론 대회도 얼마 남지 않았는데, 이 소중한 기회를 제대로 활용하지 못할까봐 걱정스럽다. 난 일단 억울함을 눌렀다. 그리고 최대한 시우샘의 가르침에 집중하려고 애썼다.

나와 달리 애들은 기분이 좋아 보였다.

"이 세상에 너 같은 애만 있으면 정말 좋겠어."

"왜?"

"잘 속잖아."

"너, 진짜 속인 거야?"

"그때는 진심이었어. 그렇지만 스티커가 그 정도 가치는 없지."

"이거 완전 뒤통수다."

"그러니까 3,000원으로 타협을 하자니까."

아마 고운이가 지인이에게 주기로 한 걸 안 주고, 그냥 3,000원으로 끝내려나

보다.

"진짜 믿을 애가 없어."

"협상을 할 때는 상대가 얼마나 믿을만 한지 판단을 했어야지. 지나치게 좋은 조건을 상대가 걸면 의심해봐야 해."

"시우샘 말이 맞아요. 사기꾼들이 원래 큰 걸 걸잖아요."

"그럼 내가 사기꾼이란 말이야?"

"자, 지원이도 왔으니 이제 그 이야기는 그만하자. 그리고 지인이는 고운이 네가 사기꾼이란 말 안 했어. 꼼수 ⑤, 상대가 주장하지도 않는 걸 주장했다고 트집을 잡아 공격하기!"

일상대화에서도 꼼수는 흔히 쓰였다. 난 조금씩 엄마와 다툰 기억에서 벗어나 『토론비법서』를 익히는 데 집중했다.

시우샘은 『국어시간에 생활글 읽기 ①』(휴머니스트)에 나온 이야기를 토론 주제로 제시했다. 여동생을 둔 고등학교 1학년 현수는 고아다. 현수 담임선생님은 현수가 스스로 아르바이트도 하면서 독립심을 기르도록 돕지만, 현수는 잘 따르지 않는다. 반면에 어떤 학부모는 현수는 아직 사랑을 충분히 받아야 할 나이라면서 현수에게 독립적으로 크라고 너무 다그치지 말라고 한다. 현수 담임선생님과 학부모의 의견 중에서 어떤 게 옳을까?

지인이와 고운이가 한편이 되고, 나와 석규가 한편이 되었다. 시우샘은 때에 따라 이런저런 힌트를 주었다.

○ **고운**   우리 사회는 힘들고 어려운 곳이라 잘못된 길로 갈 가능성이 많습니다. 더욱이 현수는 고아이기 때문에 그럴 가능성이 더 높습니다. 따라서 자립심을 길러야 합니다.

✕ **석규**   학부모의 말처럼 홀로 서라고 하지 말고 도움을 주고, 사랑을 주어야 합니다. 고운 토론자 말처럼 세상은 힘들고 어렵습니다. 어릴 때부터 바로 현실을 보여주지 말고, 보듬어 주고 사랑을 주는 게 우선입니다.

○ **지인**   가난한 상황에서 도움을 받는 게 잘못은 아니지만 현수는 도움을 받을 뿐 자기 스스로 노력을 거의 하지 않습니다. 어차피 현수는 자기 혼자 살아갈 텐데 지금부터 열심히 살려고 노력해야 한다고 봅니다.

그때 시우샘이 내게 쪽지를 주었다. 쪽지 내용은 다음과 같았다.

법칙 ①, 자신이 상대보다 뛰어나다는 것을 보여줘라.
−상대 주장을 정리하여 날 돋보이게 하기

✕ **지원**   고운 토론자는 잘못된 길로 갈 가능성이 높으므로 자립심을 길러야 한다고 했고, 지인 토론자는 어차피 혼자 살아가야 하므로 지금부터 자립심을 길러야 한다고 했습니다. 맞나요?

○ **지인/고운**   네, 맞습니다.

다시 쪽지가 왔다.

법칙 ⑤, 토론의 틀을 장악하라−상대의 약한 고리를 집중 공략하기

약한 고리가 뭘까? 난 잠시 생각했고, 고운이 의견이 약한 고리라는 판단을 했다.

× 지원　고운 토론자, 잘못된 길로 간다고 했는데 잘못된 길이란 비행청소년이 되는 거 말인가요?

○ 고운　네. 고아니까 아무래도 그럴 가능성이 높습니다.

× 지원　고아가 비행청소년이 될 가능성이 높다는 근거가 있나요?

○ 고운　그건 아니지만, 높지 않을까요?

× 지원　고운 토론자의 주장은 정확한 근거나 통계 없는 고운 토론자 개인의 주장일 뿐입니다.

○ 지인　동생과 함께 살아가야 하는 고아인데 도움만 받고 스스로 살아가지 않으려고 하면 안 되지 않을까요?

석규가 지인이 말에 대응하려고 하는데 시우샘이 석규에게 쪽지를 내밀었다.

꼼수 ⑮, 상대의 약점만 파고들기-상대의 강점은 무시하기

× 석규　사랑을 더 주어야 비행청소년이 되지 않습니다. 어릴 때부터 독립하라고 밀어붙이면 비행청소년이 될 가능성이 높습니다.

○ 지인　힘들다고 꼭 비행청소년이 되는 건 아닙니다.

(시우샘 쪽지) 법칙 ④, 상대의 말을 활용해 상대를 제압하라

× 석규　처음에 고운 토론자는 고아인 현수가 비행청소년이 될 가능성이 높다고 이미 말했습니다.

○ **고운**   그건 그렇죠.

✕ **석규**   방금 고운 토론자가 인정을 했듯이 현수는 그대로 두면 비행청소년이 되기 쉽습니다. 그러니 자꾸 독립심을 기르라고 몰아붙이기보다 사랑을 많이 주어야 합니다.

○ **지인**   잠깐만요. 그건 아니죠. 단지 가능성이 있을 뿐이지 진짜로 그럴지, 어떨지는 모릅니다.

✕ **석규**   가능성이 높은 일과 가능성이 낮은 일 중에서 무엇을 중심으로 삼아야 할까요? 지인 토론자라면 무엇을 선택하시겠습니까?

○ **지인**   그야, 당연히 가능성이 높은 일이죠.

✕ **지원**   맞습니다. 비행청소년이 될 가능성이 높다는 고운 토론자의 말을 근거로 하면 우리 주장이 훨씬 타당합니다.

"잠깐만요. 토론 정지!"

지인이가 소리를 질렀다.

"시우샘, 왜 쟤네만 도와줘요. 그리고 너희들, 고운이가 실수 하나했다고 그것만 트집 잡고 있잖아. 너무하는 거 아니야?"

“맞아. 너무해.”

고운이 얼굴을 보니 조금 미안했다.

“가만, 이거 꼼수 ⑯이네. 상대의 실수를 물고 늘어져 주장 전체를 부정한다. 그러고 보니 계속 꼼수를 썼잖아! 쪽지 이리 줘봐.”

지인이는 석규와 나한테 있던 쪽지를 확 낚아챘다.

꼼수 ⑯, 상대의 실수 하나로 주장 전체를 부정하기

“와! 이거 진짜 너무하네. 이건 멘붕이다. 멘붕!”

지인이와 고운이는 쪽지를 보며 한참 원망을 늘어놓았다.

꼼수와 법칙의 치열한 공방

“꼼수의 위력이 어느 정도인지 보여주려고 했을 뿐이야. 그리고 상대가 꼼수를 쓸 때 꼼수임을 알아채고 빠져나올 줄 알아야지. 그러지 못하면 일방적으로 밀리고 말아. 알고 쓰든, 모르고 쓰든 토론자들은 꼼수를 많이 쓰니까.”

O **고운**　너무 품어주기만 하고 도와주기만 하면 의존심이 커집니다. 독립심을 키워야 성인이 되어 동생도 돌보면서 혼자 살 능력이 생깁니다.

X **석규**　그럼, 부모님이 계신 우리도 마찬가지겠네요. 우리도 품어주기만 하면 안 되겠네요. 부모님의 돌봄을 받으며 크는 우리들도 다 의존심이 생겨서 성인이 된 뒤에도 독립하지 못할까요? 현실이 그렇지 않다는 건 아시지 않습니까?

○ **지인** 방금 석규 토론자는 우리들 사례를 근거로 현수의 상황을 설명하는 유추를 하셨는데, 그건 똑같은 경우가 아닙니다. 고아로 자라는 현수와 부모 품에서 자라는 우리가 어떻게 똑같습니까?

○ **고운** 맞습니다. 부모님은 우릴 끝까지 보살펴주지만 현수는 그렇지 못한 상황입니다. 그리고 현수는 우리보다 독립심이 더 많이 필요합니다. 당연히 우리와 다르게 클 필요가 있습니다.

쪽지를 받아든 난 잠시 망설였다. 여기서 토론의 틀을 유리하게 만들려면 어떻게 해야 하는 걸까? 석규의 유추를 상대가 부정하는 상황인데, 어떻게 하면 우리에게 유리한 틀을 만들어 낼까? 내가 망설이는 사이, 석규가 치고 나갔다.

✕ **석규** 우린 부모 품에서 자랍니다. 훨씬 큰 보살핌을 받고 자랍니다. 그리고 끝까지 보살핌을 받습니다. 그런데도 대부분 의존하지 않고 나중에 독립을 해서 살아갈 것입니다. 고등학교 1학년인 현수를 주위에서 보살핀다고 해서 부모님만큼 보살필 수 있을까요? 그렇지 않을 겁니다. 따라서 현수가 우리보다 독립심이 약할 이유가 없습니다. 고아인 현수를 도와준다고 해서 의존심이 강해진다는 주장은 타당하지 않습니다.

그렇구나. 보살핌을 많이 받고 자란 우리와 보살핌을 적게 받은 현수! 이렇게 틀을 짜 놓으니까 현수가 보살핌을 받는다고 독립심이 적을 거란 논리가 무너지는구나.

○ 지인 아프리카에 많은 원조를 합니다. 그런데 도움을 받기만 한 사람들은 나중
         에 제대로 자립하지 못한다고 합니다. 자기 힘으로 서도록 독립심을 키워
         줄 때 더 좋은 성과를 거둔다고 합니다. 현수도 마찬가지일 것입니다.

× 지원 그건 현수 사례와 다릅니다. 잘못된 유추입니다.

○ 지인 이건 유추가 아니라 예시, 즉 법칙 ②입니다. 아프리카 사람들이나 현수나
         어려운 처지에서 살아가기는 마찬가지고, 도움을 받는다는 점도 같습니
         다. 똑같은 처지이므로 같은 논리가 적용됩니다.

(시우샘 쪽지) 꼼수 ⑫, 타당한 예시를 특수한 경우라고 우기기

× 석규 아프리카랑 현수랑 어떻게 같습니까? 아프리카는 우리 사회와 완전히 다
         른 특수한 경우일 뿐입니다.

○ 고운 그건 지인 토론자 말처럼 특수한 경우가 아니라 너무나 비슷한 사례입니다.

흠, 꼼수를 썼는데도 밀리지 않았다. 이럴 땐 어떻게 하지?

(시우샘 쪽지) 법칙 ⑤-4, 쟁점이 팽팽하게 맞설 경우
자신에게 유리한 새로운 쟁점을 만들어낸다.

우리에게 유리한 쟁점이 뭘까? 그때 무언가 머리를 번쩍 스쳤다.

× 지원 독립적으로 살아가려면 공부를 잘해야 합니다. 그런데 현수가 고등학교
         때부터 아르바이트하면 언제 공부를 합니까? 솔직히 다른 학생들은 열심
         히 공부하는 동안 아르바이트를 한다면 공부를 못하게 되고, 결국 좋은 직
         장을 얻지 못하게 됩니다. 그럼 가난하게 되어 제대로 살아가지 못합니다.

129

| ✕ | 석규 | 맞습니다. 열심히 공부하도록 적극 도와주고 품어줄 때 공부할 시간도 늘어나고 가난에서 벗어날 실력도 키워질 것입니다. |
| ○ | 지인 | 도움만 받으면 오히려 공부를 하지 못합니다. 자기 손으로 힘들게 돈을 벌어야 더 열심히 공부합니다. 그리고 일하느라 바빠도 새벽까지 공부하면 됩니다. 그렇게 하는 사람도 많습니다. |

✕	지원	지인 토론자는 그럼 하루 3~4시간씩 일하고, 새벽까지 잠도 못 자고 계속 공부할 자신 있습니까?
○	지인	현수와 전 처지가 다릅니다.
✕	지원	저도 게임을 하느라 새벽에 잔 적이 몇 번 있는데, 그 다음날 학교에서 꾸벅꾸벅 졸았습니다. 현수도 하루, 이틀은 몰라도 계속 아르바이트를 하면 낮에 학교에서 잠만 자고, 공부를 제대로 못 하게 될 것입니다.

토론은 조금 더 진행되었지만 이미 우리가 잘 아는 토론 법칙을 활용하기만 했으므로 더 이상 소개하지 않겠다. 아무튼 토론을 하면서 꼼수도 토론 법칙 못지않게 상당히 활용할 만하다는 점을 깨달았다. 그리고 솔직히 일상에서는 법칙보다는 꼼수를 더 많이 사용한다는 생각이 들었다.

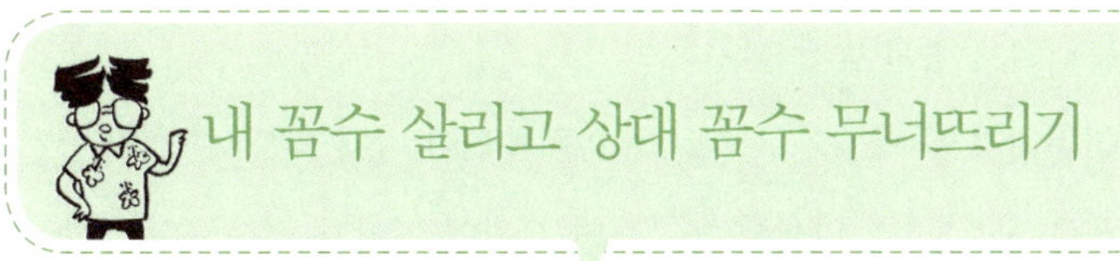

우린 다음 주제로 넘어갔다. 이번 주제는 '연애'였다.

토론 주제 ⑤ 중·고등학생의 연애를 어떻게 볼 것인가?

이런! 곤란한 주제다. 난 주제를 듣자마자 당황했다. 더욱이 제비뽑기로 결정된 내 의견이 연애를 하지 말아야 한다는 쪽이어서 더 할 말이 없었다. 이 토론은 빨리 끝나기만 바랐다. 솔직히 길게 소개하고 싶지도 않으니 일부만 소개하겠다.

× **석규** 중·고등학교 시기는 공부를 열심히 해야 합니다. 학생 시절엔 학생의 본분에 맞게 공부를 해야 합니다. 더욱이 이성을 사귀는 일은 굉장히 복잡한 판단 능력과 도덕적 감수성을 필요로 하는데, 아직 중·고등학생들은 그럴 능력이 부족합니다.

시우샘이 이번엔 지인이와 고운이 편을 들었다.

(시우샘 쪽지) **꼼수 ⑦, 나쁜 사람과 똑같은 주장을 한다고 몰아붙이기**
–히틀러도 청소년들의 연애를 나쁘게 봤다.

○ **지인** 역사상 가장 나쁜 악당인 히틀러가 청소년들의 연애를 나쁘게 취급했다고 합니다. 히틀러는 국가에 충성하고 나라의 일꾼이 되기 위해 열심히 노력하는 데 방해가 되는 연애를 나쁘게 말했습니다. 석규 토론자의 주장은 히

틀러의 주장과 똑같습니다.

× 석규 히틀러가요? 음, (날 힐끔거리다 말고) 히틀러야 나쁜 의도로 했지만, 전 자기 인생을 잘 가꾸기 위해서는 청소년 시기엔 연애가 적절하지 않다고 한 것입니다.

(시우샘 쪽지) 꼼수 ⑧, 권위를 이용하기-로미오와 줄리엣은 10대 중반이었다.

○ 고운 로미오와 줄리엣은 우리와 같은 10대 중반의 나이였습니다. 그런데도 그들은 아름다운 사랑을 했고, 지금까지 훌륭한 문학작품과 예술로 인정받습니다. 석규 토론자는 로미오와 줄리엣의 사랑도 안 된다는 말입니까?

× 석규 그건 영국의 셰익스피어가 쓴 문학작품일 뿐입니다.

(시우샘 쪽지) 석규, 꼼수 ⑫ 사용 ← 법칙 ②로 일반화시키기

○ 지인 성춘향과 이몽룡도 10대였습니다. 그리고 옛날 우리 조상들은 10대에 결혼을 했습니다. 10대가 사랑할 만한 나이라는 증거입니다. 우리가 그때보다 미성숙하단 증거는 없습니다.

× 석규 과거랑 현재는 다릅니다. 그리고 지인 토론자는 그럼 우리가 10대 때 결혼해도 된다는 말입니까?

(시우샘 쪽지) 석규, 법칙 ②-5와 꼼수 ⑤ 사용

○ 지인 전 10대 때 결혼해도 된다는 주장은 안 했습니다. 10대도 충분히 사랑할 만큼 성숙한 나이라고 말했을 뿐입니다. 그리고 과거랑 현재가 다르다고 했는데, 옛날의 10대에 견줘 지금의 10대가 정신적으로 미숙하다는 증거는

어디에도 없습니다.

✕ 석규   10대 때 연애를 해도 된다고 하지만, 솔직히 공부하느라 연애를 제대로 할 환경이 되지도 않습니다. 부모님들이 인정해주지도 않을 것이고, 학교에서 연애를 할 만한 여건도 안 됩니다. 그러니 지금 중·고등학생들이 연애를 해도 된다는 주장은 현실적으로 실현 가능성이 거의 없습니다.

○ 고운   지금 우린 실현가능성을 두고 토론하는 게 아니라 중·고등학생의 연애가 바람직한지, 그렇지 않은지를 토론하는 중입니다. 만약 연애가 바람직하다면 부모님과 선생님들도 그걸 인정하고 연애를 할 환경을 제공해줘야 합니다. 그리고 중·고등학생들의 연애가 현실 가능성이 없다고 하는데, 저희 주변을 보면 연애를 하는 친구들이 꽤 많습니다.

✕ 석규   그럼 고운 토론자도 연애를 하겠습니까? 혹시 공부에 방해가 되지 않을까요?

난 석규의 질문을 듣고 고운이가 어떻게 답변하는지 궁금해서 고운이를 빤히 쳐다봤다. 석규는 꼼수 ④와 ③을 동시에 사용했다. 너라면 하겠느냐?로 꼼수 ④를 썼고, 공부에 방해가 되지 않겠느냐면서 꼼수 ③, 이익과 손해를 생각하게 만들었다. 하지만 내겐 그런 꼼수가 중요하지 않았다. 고운이 대답이 더 중요했다.

○ 고운   제가 연애를 하려는 마음이 있고, 없고가 왜 중요합니까? 우린 중·고등학생 연애가 바람직한지를 두고 토론하는 중입니다. 그런 식으로 꼼수 쓰지 마세요.

✕　지원　바람직하다면 자신이 해야 하는 거 아닙니까?

앗! 너무 대놓고 물어봤나? 으으윽, 난 질문을 해 놓고 바로 후회했다. 고운이는 잠시 동안 날 가만히 보더니, 조금 뒤 시선을 돌려버렸다.

○　지인　우리 주위엔 연애를 제대로 하면서 공부도 잘하는 사람이 많습니다. 제가 아는 언니는 연애를 하면서도 전교 1등입니다.
✕　석규　그건 꼼수 ⑩, 성급한 일반화입니다. 하나의 사례로 모두가 다 가능하다는 식으로 말하면 안 됩니다. 제가 아는 친구는 전교 10등 안에 들었는데 연애를 시작한 뒤로 여자 친구와 사이가 안 좋아지자 성적이 점점 떨어졌습니다. 이러한 사례를 봐도 중·고등학생 때의 연애는 바람직하지 않습니다.
○　지인　석규 토론자는 저에게 성급한 일반화를 한다고 말해 놓고는 본인도 성급한 일반화를 하셨습니다. 한 사람이 연애 때문에 실패했다고 해서 모두 그러진 않습니다.
✕　석규　실패한 경우가 많습니다.
○　지인　성공적으로 좋은 연애를 하는 경우도 많습니다.

꼼수 ⑩, 하나의 사례를 모두에게 적용하기 [성급한 일반화]

성급한 일반화는 일부 사례를 들어 일반적으로 그렇다고 무리하게 주장하는 경우를 말한다. 그런데 지인이와 석규의 토론을 듣다 보니 무엇이 성급한 일반화이고 무엇이 성급한 일반화가 아닌지 잘 구분이 안 갔다. 결국 인간은 모든 걸 살펴보기 어렵고(솔직히 불가능하고), 몇 가지 사례만으로 전체를 판단해야 하니까 말이다.

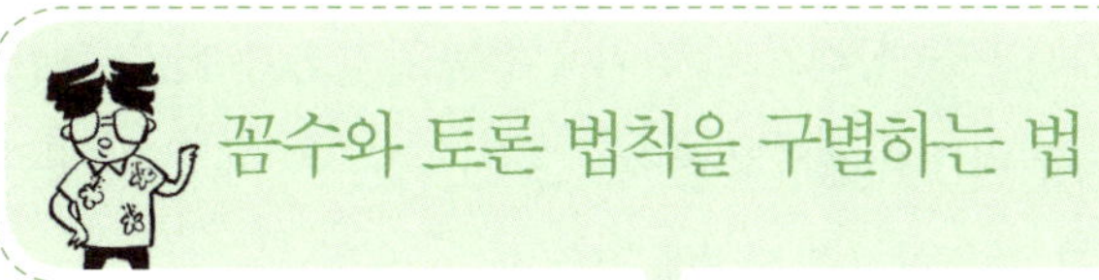

"그런데 시우샘, 꼼수라고 했던 게 사실은 적절하단 느낌이 든 것도 많았어요."

지인이가 물었다.

"구체적으로 말하면?"

"로미오와 줄리엣, 성춘향과 이몽룡의 경우는 꼼수가 아니라고 느꼈어요. 제가 보기엔 법칙 ②가 아닐까 싶은데."

"법칙 ②이기도 하고, 꼼수 ⑧이기도 해. 그 경계선이라고 봐도 좋지."

"그렇게 말씀하시니까 법칙과 꼼수의 차이를 모르겠어요."

"법칙과 꼼수는 그 경계가 모호할 때도 있어. 그래서 내가 처음에 둘을 명확하게 구분하기 어려운 경우가 많다고 한 거야."

"그럼 꼼수나 법칙이나 똑같나요?"

"분명히 달라. 꼼수란 논리의 타당성이 아닌 다른 점을 활용해 공격하는 수법이고, 법칙은 순수하게 논리의 타당성만을 중심으로 상대를 설득하는 수법이야. 로미오와 줄리엣을 예로 들어보자. 로미오와 줄리엣은 순수한 논리적 타당성의 예가 되기도 해. 분명히 구체적인 사례이며 훌륭한 문학작품으로 토론의 근거로 삼을 만하지. 그러나 로미오와 줄리엣은 훌륭한 문학작품이라는 권위! 즉 세상이 인정하는 문학작품이라는 권위를 활용하는 면도 분명히 있어."

"맞아요. 다른 예를 들면 반박하겠는데 로미오와 줄리엣을 근거로 드니까 약간 권위에 밀리는 느낌이 들었어요."

석규가 말했다.

"그래서 로미오와 줄리엣의 사례가 법칙 ②이기도 하지만, 꼼수 ⑧이기도 한 거야. 중요한 건 여기서 토론 상대가 이 권위에 주눅 들지 않는 거지. 그리고 이 논리를 사용한 사람도 권위를 이용하지 않겠다는 마음을 먹어야 하고. 어떤 자세를 취하느냐가 꼼수인지, 법칙인지를 결정해.”

난 성급한 일반화에 대해서도 물었다.

“꼼수 ⑩, 성급한 일반화와 법칙 ②도 구분이 잘 안 가요.”

“맞아. 어렵지. 성급한 일반화는 일부 사례를 근거로 성급하게 전체가 다 그렇다는 식으로 말하는 경우야. 법칙 ②는 구체적인 사례나 통계를 활용해 일반적인 주장을 펼치는 것이고. 가만히 보면 둘이 많이 닮았지. 그리고 구체적인 사례나 통계가 어느 정도가 되었을 때 일반적인 원리로 받아들여야 하는지 참 애매모호해.”

시우샘도 애매모호하다고 하니까 조금 답답했다.

“그럼 꼼수나 법칙이나 그게 그거네요.”

“그렇진 않아. 성급한 일반화(꼼수 ⑩)와 귀납법(법칙 ②)은 두 가지 점에서 구분이 가능해. 첫째, 제시한 사례가 많은 경우에 대표성이 있는가? 즉, 많은 사람들이 인정할 만큼 일반적으로 받아들일만한 사례인지를 판단해야 돼. 둘째, 구체적인 사례로부터 일반적인 원리를 만들어 내는 과정이 논리적으로 잘 연결되는가? 이는 구체적인 사례에서 일반적인 원칙이 자연스럽게 나오는지 판단하라는 거야.”

“그렇군요. 그런데 그렇게 설명하면 알겠는데 실제 사례로 가면 헷갈릴 듯해요.”

“당연히 헷갈리지. 그래서 많이 생각하고, 토론하고, 고민해봐야지. 한 순간에 뽕! 하고 얻어지는 결과물은 없어.”

우린 그 뒤로도 계속 꼼수를 활용한 토론을 했다. 시우샘은 계속 토론 도중에 꼼수를 어떻게 사용할지 쪽지를 주었다. 꼼수 활용법은 정말 재미있었다. 우린 토론 법칙과 꼼수를 적절히 활용해 토론을 벌였다. 그러나 나중에 가면 갈수록 꼼수는 거의 먹히지 않았다. 이미 꼼수가 무엇인지 다 알았기 때문에 상대가 꼼수를 쓰면 거기에 전혀 주눅 들지 않고 정확한 논리로 반박했기 때문이다. 그럼에도 가끔씩 토론 법칙과 뒤섞어서 사용하는 꼼수는 할 말이 없게 만들기도 했다. 예를 들면 이런 거다.

지인 사형제도를 반대하는 사람들은 연쇄살인범 같은 사람들에게 피해를 당한 사람의 고통을 알지 못하기 때문입니다. 자신들이 그 고통을 겪는다고 생각해보십시오. 만약 자기 가족이 그렇게 살해를 당했어도 과연 사형제도를 반대할까요? 석규 토론자가 만약 그런 일을 당했다고 한다면 석규 토론자도 지금처럼 사형이 돌이킬 수 없는 일이고, 국가가 하는 공식적 살인이라는 이유로 반대를 할까요? 전 피해자들의 분노도 충분히 고려해야 한다고 봅니다.

지인이의 논리는 법칙 ③과 꼼수 ③, ④를 동시에 사용했다. 나는 석규와 같은 편이었는데, 이게 분명히 꼼수와 법칙이 뒤섞인 걸 알았다. 그러나 이 논리가 꼼수이기 때문에 틀렸다고 말하기는 어려웠다. 내가 만약 그런 일을 겪는다면? 만약 연쇄살인범이 부모님을 죽인다면? 난 절대 그놈을 그냥 두지 않을 거다. 이런 생각이 드니 지인이 논리가 꼼수를 활용하는 걸 알면서도 반박하지 못했다. 내 생각을 말했더니 시우샘도 동의를 했다.

"나도 우리 가족이 연쇄살인범에 의해 죽는다면 지원이 너랑 비슷한 생각을 할 거야. 그래서 꼼수가 위력적이지. 꼼수가 논리적으론 오류이면서도 오랫동안 일상생활과 토론에서 널리 사용되는 이유지."

시우샘 설명을 듣고 나니 공감이 갔다.

"그리고 방금 전 지인이가 한 말은 꼼수 ⑭도 사용했어. 사형제도에서 연쇄살인범 이야기, '우리 가족이 죽는다면'과 같은 가정은 굉장히 감정적이고 예민한 사례야. 그렇게 예민하고 극단적인 사례를 제시하면 사람은 마음이 흔들리지. 인간은 논리적이기도 하지만 동시에 굉장히 감정적이거든. 감정을 자극하는 것, 그게 일상에서는 훌륭한 대화 수단이지만, 사실 토론에서는 아주 비논리적인 거야. 논리는 감정이 아니라 순수하게 논리 그 자체로 따져야 하거든."

꼼수 ⑭, 극단적인 예를 들어 논리를 전개하기

"논리라는 게 조금 인간미가 떨어지네요. 인간은 감정을 지녔는데 그걸 사용하면 논리적이 아니라니."

"나도 동의해. 그래서 꼼수 ⑭, 인간의 감정을 활용하는 방식은 꼼수이긴 하지만 토론에서 활용해도 그리 나쁘지 않은 꼼수라고 생각해. 감성은 틀리고 논리만 옳은 건 아니니까."

평소엔 감성과 이성, 감정과 논리에 대해 거의 생각해보지 않았는데, 이렇게 다른 점을 고민해보니 생각이 깊어지는 느낌이 들었다. 과학과 사회의 다른 점도 배웠는데 감성과 이성 못지않게 흥미진진했다.

다음 토론 주제는 인간의 욕심은 끝이 있느냐, 없느냐에 관한 거였다. 나와 고운이가 한편이 되어 토론을 시작했다.

✕ **석규** 인간의 욕심은 끝이 없다고 하는데 대부분은 그럴지도 모르겠습니다. 그러나 무소유를 쓰신 법정 스님 같은 분은 자기 욕심을 없애고 스스로 가난하게 사셨습니다. '인간의 욕심이 끝이 없다'고 하면 모든 인간이 끝이 없다고 봐야 하는 건데, 끝이 있는 사람도 존재하니까 그 논리는 틀렸습니다.

○ **고운** 우린 일반적으로 인간의 욕심이 끝이 없는지를 따지는 중입니다.

✕ **지인** 아닙니다. '인간의 욕심이 끝이 없는가?'란 토론 주제는 모든 인간의 욕심이 끝이 없는가와 같은 질문입니다. 그러니까 인간의 본성이 과연 이기적이고, 인간은 원래 욕심이 많은 본성을 타고났는지를 따지는 것입니다.

○ **지원** 법정 스님 한 명이 그렇다고 해서 인간의 욕심이 끝이 없다는 주장이 틀리다는 건 조금 억지 아닙니까?

✕ **석규** '인간의 욕심은 끝이 없다'는 주장은 하나의 예외만 생겨도 무너지는 거 아닌가요? 더욱이 법정스님뿐만 아니라 부처님, 예수님 같은 분들도 욕심 없이 사셨습니다. 그러니 인간의 욕심이 끝이 없다는 건 말이 안 됩니다.

토론이 끝나자 시우샘이 토론 평가를 했다.

"석규와 지인이는 토론의 틀을 자신들에게 유리한 쪽으로 끌고 갔어. 법칙 ⑤를 적절히 사용했지. 거기에 고운이와 지원이가 휘말려 들었고. 토론의 쟁점이 무엇인지 자신에게 유리하게 정하면 토론의 방향이 정말 유리해진다는 걸 잘 보여준 토론이었어."

나와 고운이가 졌다. 인정할 수밖에 없었다.

"그런데 여기서 석규와 지인이는 아주 노골적으로 꼼수 ⑪을 사용했어."

꼼수 ⑪, 하나의 사례로 모든 주장을 부정하기

“우리 논리가 꼼수인가요?”

지인이가 눈을 동그랗게 뜨고 물었다.

“사회와 인간의 삶에는 예외가 존재해. 그래서 사회와 인간의 문제로 토론하는 게 어려워. 예를 들면 까마귀는 모두 검다는 말은 과학이야. 이 말은 다른 색을 지닌 까마귀 한 마리만 등장해도 완전히 부정이 돼. 따라서 과학은 단 하나의 예외만을 제시해도 기존의 논리가 무너지는 경우가 종종 있어. 반면에 사회와 인간은 아무리 옳은 말이라도 예외가 존재해. 그래서 하나의 예외로 전체를 무조건 부정하지는 못하는 거야. 그래서 ‘모두’ ‘완전히’ ‘절대’라는 말 대신 ‘대부분’ ‘일반적으로’ ‘대다수’와 같은 말을 쓰라고 법칙 ①에 나와 있는 거야.”

참 어렵다. 성급한 일반화의 문제와 비슷했다. 그 예외가 전체를 부정할 만한지, 아니면 극소수의 예외일 뿐인 건지 따져봐야 한다. 시우샘 말대로 사람과 사회를 다루는 문제는 정말 어렵다.

일상의 갈등, 토론으로 해결이 가능할까?

하긴 남 말할 때가 아니다. 고운이를 좋아하는 마음을 어떻게 전달할지, 엄마와 생긴 다툼을 어떻게 해결할지 참 막막하다. 그러고 보면 토론은 사회나 인간의 문제만이 아니라 바로 내 자신의 문제를 풀 때 가장 필요하다. 나는 살면서 무수한 선택을 했고, 앞으로도 해야만 한다. 그때 어떤 선택을 하느냐에 따라 삶이 달라진다. 나는 정말 꼼수에 휘말리지 않고 제대로 된 토론 법칙을 사용해서 선택할 수 있을까? 솔직히 자신이 없다. 지금 당장 엄마와 다툼을 어떻게 해결해야 할지도 잘 모르겠다. 내겐 토론이 필요하다. 그것도 아주 유능한 토론자가 필요하다. 난 그 토론 상대로 시우샘을 골랐다. 그리고 시우샘을 선택한 결정은 아주 옳았다.

나는 다른 애들이 간 뒤에 시우샘에게 특별 면담을 신청했다. 엄마랑 다툰 얘기를 했다. 너무나 억울해서 중간에 살짝 눈물을 흘릴 뻔하기도 했다. 한참 대화를 한 뒤에 난 내 억울함을 전혀 다른 각도에서 보게 되었다. 물론 그건 시우샘과 토론한 덕분이었다. 시우샘께 인사를 드리고 헤어지는데 시우샘이 내게 당부를 했다.

“엄마랑 진지하게 얘기해봐. 넌 토론 법칙을 배웠잖아. 토론 법칙은 토론 대회 때만 쓰라고 배운 게 아니야. 실제 생활에서 쓸 줄 알아야지. 그리고 조금 전에 마지막으로 부탁한 말, 꼭 기억해.”

물론 기억했다. 이기려 하지 말라고. 서로 인정하고 대화를 나누는 자세가 중요하다고. 상대를 존중하는 마음이 토론의 기본이요, 최고의 토론 법칙이라고. 그런데 과연 엄마와 나 사이에 동등한 대화와 토론이 가능할까? 생각은 조금 바뀌었지만 억울함은 여전한 채 난 집으로 향했다.

06

엄마와 나누는 대화, 답답한 싸움에서 신 나는 토론으로

　내 사연은 이렇다. 나는 고운이를 좋아하는 만큼 야구를 좋아한다. 야구 선수가 되고 싶은 마음은 없다. 그냥 취미생활인데, 굉장히 좋아한다. 날마다 야구 경기 결과를 확인한다. 순위는 기본이고 타율, 방어율, 타점, 홈런 등 거의 모든 주요 타이틀 경쟁 상황도 다 기억한다. 특별히 외우려고 한 건 아닌데 좋아하는 분야여서 그런지 그냥 한 번 보면 거의 다 외워진다. 이 정도로 야구를 좋아하는데 공부 때문에 야구장에 자주 못 가는 게 너무 아쉽다. 그래서 난 틈이 나면 경기를 관람하러 야구장에 가고 싶다.

　그런데 며칠 전 야구장에 가는 문제로 엄마와 다투는 일이 생겼다. 엄마는 나와 수학 문제 10장을 오늘까지 다 풀면 이번 주말에 야구장에 함께 가기로 약속을 했다.

　난 열심히 풀었다. 정말 많은 양이었는데 열심히 해서 9장까지 풀었다. 남은 한 장은 너무 힘들어서 잠시 미뤄두었다. 그런데 오늘 시우샘에게 오기 바로 전에 엄마가 다 했냐고 물어보셨다. 난 처음엔 다 했다고 했지만, 조금 뒤 양심이 찔려서 한 장을 못 풀었다고 솔직히 말씀드렸다. 그리고 시우샘을 만나고 와서 나머지를 마저 풀겠다고 했다. 엄마는 내 말을 듣더니 버럭 화를 내시며, 내가 약속을 지키지도 않고 거짓말까지 했으니 주말에 야구장을 갈 수 없다고 선언해 버렸다.

난 정말 화가 났다. 엄마의 결정은 말도 안 된다고 생각했다. 정말 억울했다. 내가 얼마나 간절히 야구장을 가고 싶어 하는지 알면서도 그런 결정을 일방적으로 내리시다니 정말 미칠 것 같았다. 난 엄마가 너무 미웠다.

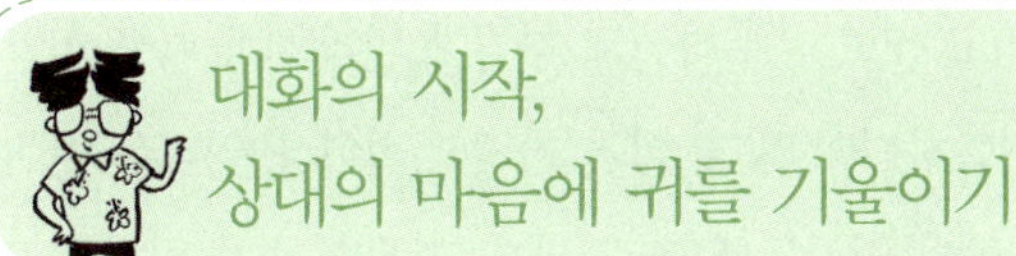

엄마는 굳은 표정으로 거실에 앉아 계셨다. 엄마도 마음이 편하지 않은 듯했다. 난 가방을 내려놓으며 심호흡을 했다. 그리고 조심스럽게 엄마 앞으로 다가갔다. 난 헛기침을 두 번 한 뒤에 말을 꺼냈다.

"엄마, 잘못했어. 엄마가 야단치는데 내가 버럭 화내고 나가서."

이 말, 정말 꺼내기 힘들었다. 그러나 시우샘이 이렇게 하라고 했다. 아무리 네가 억울한 마음이 들더라도 부모에게 못되게 굴고, 예의 없이 행동한 점은 용서를 빌라고 했다.

엄마는 잠깐 날 보더니 곧바로 시선을 돌려버렸다.

"정말 미안해 엄마. 내가 잘못했어."

"알았으면 됐어. 씻고 들어가 공부해."

용서를 빌었는데 엄마가 받아준다는 느낌은 거의 들지 않았다. 솔직히 조금 서운했다.

"엄마, 내가 잘못했다고 했는데 제대로 받아주지 않아서 조금 서운해."

엄마의 시선이 내게 멈췄다. 갑자기 왜 이렇게 다르게 행동하나 궁금한 눈빛이다.

"너, 뭔 일 있었니?"

엄마 목소리가 많이 부드러워졌다. 걱정도 묻어났다.

"아니, 엄마에게 잘못했다는 마음이 들어서 용서를 빌고 싶었어. 그리고 내가 잘못을 빌었는데 안 받아줘서 서운하고."

난 '그리고'를 살짝 강하게 발음했다.

"그래, 용서할게. 그리고 씻고 공부하라고 차갑게 말해서 엄마도 미안해."

아! 엄마가 나에게 미안하다고 했다. 이건 거의 기적이다. 엄마는 한 번도 나에게 미안하단 소리를 한 적이 없었는데. 시우샘이 그랬다. 네가 원하는 걸 엄마에게 먼저 하라고……. 원하는 걸 얻으려면 먼저 주어야 한다고 했다. 그 말이 정답이었다.

"엄마도 생각해봤어. 솔직히 엄마가 조금 심하게 말한 느낌도 들어. 그래도 약속은 약속이고, 네가 거짓말한 것도 사실이야. 그건 변함이 없어. 따라서 엄마 결정에도 변함은 없어."

난 심호흡을 했다. 시우샘은 무조건 대들지 말라고 했다. 상대가 논리를 내세우며 이야기를 하면 그 논리를 일단 받아들이라고 했다. 생각이 다른데 어떻게 받아들이냐고 물었더니 상대 의견을 되풀이해서 확인하는 말을 하라고 했다. 그게 바로 상대 의견을 받아들이는 태도라고 하시며 상대 의견을 받아들이는 것과 내 의견을 버리는 건 다르다고도 말씀하셨다. 그리고 이게 바로 『토론비법서』의 출발인 토론 법칙이다.

"내가 약속을 지키지 않고, 거짓말한 것에 엄마가 충분히 화가 날만 해. 그리고 엄마의 지적이 틀린 말도 아니고……."

엄마는 정말 날 이상하게 봤다. 평소에는 어떻게든 이기려고 달려들거나 듣지 않으려고 딴짓을 했는데 진지하게 인정을 하는 태도를 보고, 이상하게 여기는 듯했다. 그리고 난 엄마가 내 말에 귀를 기울인다는 느낌을 받았다. 나도 평소의 내가 아니었지만, 엄마도 평소의 엄마가 아니었다. 일단 법칙 ①의 효과를 확인하자 조금 자신감이 붙었다.

"그렇지만 10장 중에 9장을 했어. 그리고 시우쌤에게 다녀와서 나머지 1장을 마저 하겠다고 했고. 물론 진짜 그럴 생각이었어."

"다 못한 건 사실이잖아. 그리고 다 했다는 거짓말도 했고."

토론이 시작됐다. 엄마와 벌이는 첫 번째 토론이다.

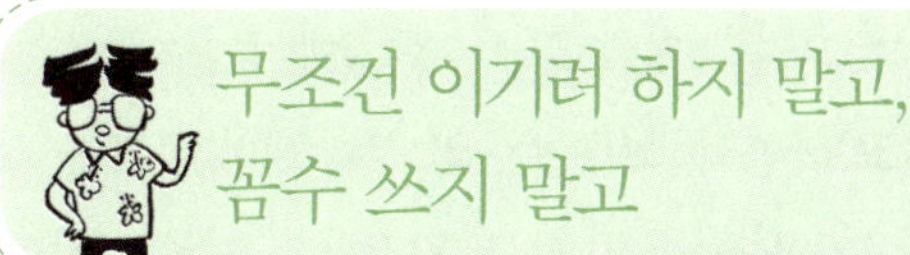

토론 주제 ⑦ **약속과 거짓말**

난 깊이 숨을 들이마시고, 토론 법칙을 떠올렸다. 꼼수는 쓰지 않기로 했다. 엄마와 정당하게 토론을 벌이고 싶었다. 난 일단 법칙 ⑤를 썼다. 자신에게 유리한 쪽으로 논쟁의 틀을 짜라! 거짓말은 나에게 불리한 쟁점이다. 그것보다는 10장 중에 9장을 했고, 나중에 1장을 할 충분한 시간이 있었다는 사실에 주목해야 한다.

"10장 중에 9장이나 했어. 엄마도 봐서 알겠지만 정말 많은 양이었어. 그 정도 했으면 정말 많이 한 거야. 그리고 시우쌤에게 다녀와서 할 시간도 충분했고, 난 그럴 결심이었어."

"그래도 엄마가 확인한 순간에 넌 다 안 했어."

"약속 시간의 마감을 시우쌤에게 가기 전이라고 정하진 않았잖아. 오늘까지만 하면 된다고 했고, 오늘은 아직 지나지 않았어. 오늘은 밤 12시까지야. 그러니까 약속을 어긴 건 내가 아니라 오히려 엄마야.”

나의 약점은 감추고 상대의 약점을 집중 공략한다. 엄마는 조금 당황한 표정을 지었다. 법칙 ⑤가 효과를 발휘했다.

“그 부분은 엄마가 인정해. 하지만 넌 거짓말을 했어. 그게 중요해.”

엄마가 논쟁의 틀을 엄마에게 유리하게 바꾸려고 한다. 거짓말이 토론의 중심이 되면 내가 불리하다. 이럴 때 주도권을 잘 잡아야 한다. 난 법칙 ⑥, 유추를 사용하기로 했다. 유추는 적절한 비유를 통해 확실히 상대의 논리를 제압하는 힘을 지녔다.

“그건 평균이 90점을 넘으면 스마트폰 사준다고 약속해 놓고, 평균은 90점 넘었는데 수학 점수가 70점대라고 하면서 스마트폰 안 사주겠다고 하는 거랑 똑같아. 수학 점수가 낮은 건 사실이지만, 약속은 평균 90점으로 정한 거잖아. 그것처럼 엄마와 내가 한 약속도 똑같아. 숙제를 오늘까지 다 하면 야구장에 보내주기로 했지, 내가 거짓말을 안 하면 야구장에 보내주기로 한 건 아니었어.”

엄마는 놀라는 눈치였다. 당황해서 어쩔 줄 몰라 했다. 법칙 ⑥, 유추는 정말 강력했다.

“그래 네 말이 어느 정도 맞아. 하지만 거짓말은 정말 중요한 문제야. 네가 거짓말을 했는데도 그냥 넘어가면 넌 ‘거짓말을 해도 되는구나’ 하고 쉽게 생각할 거야. 만약 그렇게 되면 넌 거짓말에 익숙하게 되겠지. 그럼 결국은 양치기 소년과 같은 끔찍한 결과가 생길지도 몰라.”

엄마는 법칙 ③을 사용했다.

대전제	거짓말을 해도 그냥 두면 안 좋은 결과가 생긴다.
소전제	너는 거짓말을 했다.
결 론	네가 거짓말을 한 걸 그냥 두면 너에게 정말 안 좋은 결과가 생길 것이다.

엄마는 법칙 ③을 배우지도 않았는데 능숙하게 사용했다. 양치기 소년 사례도 이용했다. 법칙 ②다. 시우샘 말이 떠올랐다. 사람들은 법칙 ②와 ③을 일상생활에서 정말 많이 사용한다고……. 그렇다. 엄마는 의식하지 않았지만 아주 자연스럽게 법칙 ③과 ②를 사용했다. 또한 엄마는 꼼수도 사용했다. 내가 이번에 한 번 거짓말을 했다고 해서 양치기 소년이 된다는 건 지나치다. 꼼수 중에서 가장 수준이 낮은 꼼수 ①, 협박하기다.

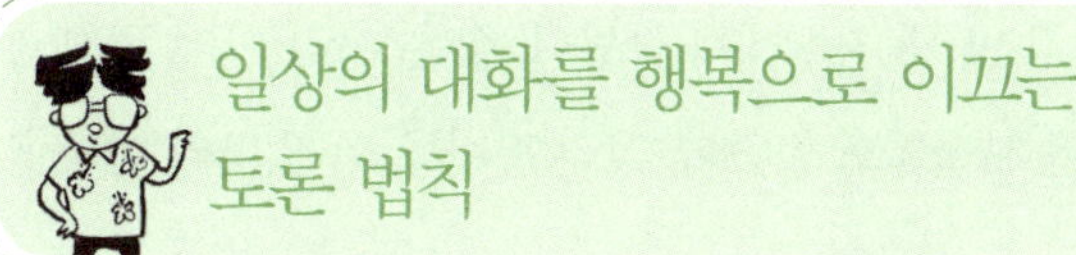

"엄마, 물론 거짓말은 나빠."

난 일단 엄마 말을 인정했다.

"엄마가 내 거짓말에 대해 어떤 벌을 내리든 달게 받겠어."

엄마 얼굴에 흐뭇한 미소가 떠올랐다.

"그리고……."

'하지만'을 쓰려다가 시우샘 말이 떠올라서 '그리고'를 사용했다. '하지만'을 쓰면 앞에 던진 말을 부정하는 느낌이 들지만, '그리고'는 앞말을 부정하지 않고 덧붙이는 느낌이 든다고 했는데, 실제로 써보니 그랬다.

"그리고, 야구장 가는 건 달라. 그건 수학 숙제와 연결된 약속이었어. 만약 그 약속을 어기면 엄마가 약속을 깨고, 거짓말을 하게 되는 거야. 일단 엄마가 강조한 대로 내가 거짓말을 한 건 처벌을 따로 받을게. 그리고 야구장 가는 약속은 내가 오늘밤까지 숙제를 다 하면 지켜줘. 그게 엄마가 말한 대로 거짓말도 안 하고, 약속도 지키고, 내가 원하는 대로 야구장도 가는 가장 좋은 방법이라고 생각해."

법칙 ④, 상대의 논리를 사용해 상대를 공격하라. 정말 멋진 수법이다. 엄마는 거짓말을 하면 안 된다고 했는데, 엄마가 약속을 깨는 것도 거짓말이므로 그것도 깨면 안 된다. 이 말에는 법칙 ③인 연역법의 논리도 함께 담겼다. 대전제, 약속을 깨면 거짓말이다. 소전제, 엄마는 약속을 깼다. 결론, 따라서 엄마도 거짓말을 한 것이다. 또한 법칙 ⑥과 ⑦을 결합하는 방식도 사용했다. 난 엄마의 의견을 받아들이면서 내 의견을 중심으로 새롭게 타협책을 제시했다. 논쟁은 완전히 내가 설정한 틀로 맞춰졌다. 그리고 난 상대 의견도 존중했다.

시우샘이 그 어떤 토론에서도 99% 승리할 거라고 말했던 필승의 법칙, 그 법칙을 내가 사용하다니! 난 내 자신에게 놀랐다. 짧은 논리 안에 법칙 ③, ⑤, ⑥, ⑦을 한꺼번에 썼다는 사실에도 놀랐다. 그리고 바로 뒤 엄마의 반응에 더욱 놀랐다.

"우리 아들, 엄청 똑똑하고 멋져졌구나. 네 말이 맞다. 아주 타당해. 그리고 오늘 엄마는 아들과 이렇게 진지하게 토론해서 너무 기뻐."

엄마 말을 듣는데 눈물이 찔끔 나왔다.

"나도 엄마랑 이렇게 얘기해서 너무 기뻐. 그리고 엄마가 내 의견을 받아줘서 더욱 기쁘고."

"이리 와, 아들. 네가 참 자랑스럽구나. 항상 네가 제대로 크지 못할까봐 걱정했는데 이렇게 듬직하게 크다니 정말 행복하다. 한번 안아 보자."

난 나는 듯이 엄마 품에 안겼다. 엄마는 날 꼭 껴안았다. 나도 엄마를 꼭 껴안았다. 행복했다.

난 새삼 토론의 힘을 느꼈다. 상대를 존중하는 마음이 토론의 가장 기본이요, 최고의 토론 법칙이란 시우샘의 말이 어떤 의미인지 확실하게 다가왔다. 난 정말 기뻤다. 야구장에 가게 돼서도 기뻤지만, 엄마와 이런 대화를 나누게 된 게 더욱 기뻤다. 엄마를 안은 그때가 내 인생 최고의 순간이었다.

반박하지 못할 논리는 '있다?'

"오! 지원이! 대단해. 엄마랑 그렇게 마음 깊은 대화와 토론을 하다니. 아주 멋져."

"모두 시우샘 덕분이죠."

"아니, 네가 정말 대단한 거야. 방법을 안 다고 다 하는 건 아니거든. 내가 수많은 제자들에게 부모와 대화하는 법을 가르쳤지만 실제로 너처럼 제대로 한 제자는 처음이야. 정말 멋져."

시우샘이 나를 칭찬하자 모두들 무슨 일인지 궁금해 했다. 나는 거짓말 하나도 보태지 않고 솔직하게 있는 그대로 모두 얘기했다. 모두 부러워했다. 특히 석규가 부러워했다. 자기도 그러고 싶은데 엄마 아빠와 대화할 시간도 없고, 어쩌다 대화를 해도 그런 식의 대화는 불가능하다고 했다.

"네가 원하는 걸 먼저 해드려. 부모님의 마음을 네가 알아주면 부모님도 네 마음을 알아주실 거야. 원하는 걸 얻으려면 먼저 나눠주란 말도 있잖아."

내가 이런 말을 하다니, 박지원! 멋진 걸!

"짜식, 고맙다. 노력해볼게."

그때 고운이 표정을 몰래 살짝 보았는데 고운이가 내게 살짝 웃어주었다. 저 웃음의 의미는 뭘까? 가슴이 살짝 두근거리기도 하고, 머리가 복잡해지기도 했다.

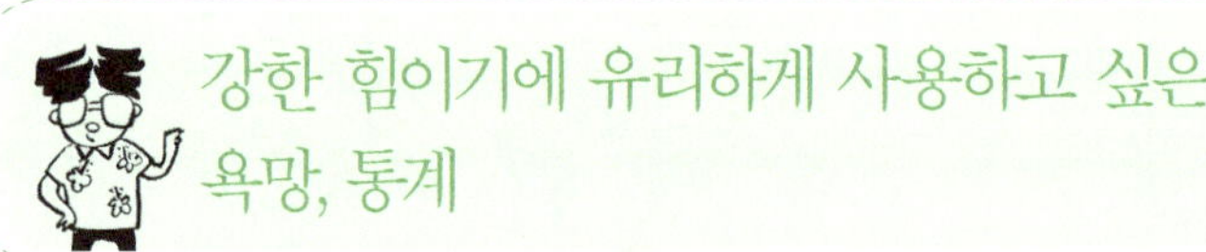

우리들은 토론을 시작했다. 이제 토론 법칙도 어느 정도 편하게 사용했고, 꼼수도 자연스럽게 파악하고, 상대를 함정에 빠뜨리기도 했다. 물론 아직 완벽하지는 않았다. 그래도 수많은 주제로 토론을 하면서 무엇이 법칙이고, 꼼수인지 파악하는 훈련을 하다 보니 토론에 능숙해졌다. 하면 할수록 토론이 재미있었다. 이번엔 지금까지 잘 쓰지 않던 새로운 걸 배웠다. 그건 꼼수 ⑱과 ⑲였다.

토론 주제 ⑧ 청소년의 욕설 사용 이대로 괜찮은가?

○ **지원** 사실 학교에서 친구들을 보면 욕을 안 하는 친구들은 거의 없습니다. 대부분 욕을 사용합니다.

× **지인** 바로 그겁니다. 뉴스를 보니 90%의 청소년이 욕을 쓴다고 합니다. 어떤 프로그램에서 청소년들이 대화하는 장면을 보여줬는데, 10분도 되지 않는 짧은 대화에서 욕이 100개도 넘게 나왔습니다. 이 정도면 정말 심각한 거 아닙니까?

○ **석규** 잠깐만요, 그렇게 많이 쓰는 게 왜 문제가 되죠? 세상에 욕 안 하는 사람은 거의 없습니다. 어른들도 정도의 차이는 있지만 상당히 많은 사람들이 욕

을 합니다. 그렇게 대중적으로 욕을 사용한다는 건 오히려 욕이 무조건 나쁜 건 아니라는 증거 아닌가요?

× **지인** 청소년들이 10분도 안 되는 짧은 대화에 욕을 100개도 넘게 쓰는 게 정상입니까?

○ **지원** 그건 극히 일부 청소년의 문제일 뿐입니다. 대다수 청소년들이 그 정도로 많이 쓰지는 않습니다. 석규 토론자 말은 대다수가 대중적으로 사용한다면 그만큼 사용할 만한 상황이라는 의견입니다. 상황은 그대로 두고 욕만 나쁘다고 하면 안 됩니다.

× **고운** 친구들이 욕을 하는 상황을 보면 대다수가 별 생각 없이 욕을 합니다. 너무 심한 표현은 저한테 한 욕이 아닌데도 기분을 상하게 합니다. TV에 나온 욕설하는 풍경은 특수한 상황이 아니라 청소년들의 일상 풍경입니다.

○ **석규** 아니, 왜 청소년만 문제 삼습니까? 어른들도 어른들끼리 대화할 때 욕을 많이 합니다. 싸울 때 욕하고, 저희들 야단칠 때도 욕을 합니다. 선생님들도 욕을 사용합니다. 이 정도라면 지금 우리 사회가 욕을 사용할 수밖에 없는 세상이란 증거입니다.

"두 편 모두 집요하구나. 자기 편에 유리한 논리만 끝까지 유지하려고 애쓰네."

"서로 법칙을 아니까 이기기 어렵네요."

"법칙 ⑤, 토론의 틀을 유리하게 하려고 애썼는데, 사실은 꼼수 ⑮를 사용해 상대의 장점은 무시하고 단점만 물고 늘어졌어. 상대편 말은 전혀 듣지 않았지. 상대 말에 귀 기울이지 않는 태도는 꼼수야. 그런데 진짜 꼼수는 통계에 관한 거야."

시우샘은 꼼수 ⑲를 설명했다.

꼼수 ⑮, 상대의 약점만 파고들기

꼼수 ⑲, 자신에게 유리한 통계만 강조하기

“지인이와 고운이는 청소년들이 욕을 많이 사용하고, 청소년들이 욕설을 10분에 100개도 넘게 한다는 통계를 끝까지 활용했어. 반면에 지원이와 석규는 청소년뿐만 아니라 대다수 어른들도 욕을 대중적으로 쓴다는 점을 강조했지.”

“그런데 제가 쓴 방법이 통계인가요?”

석규가 물었다.

“숫자를 쓰지는 않았지만 대다수가 욕을 사용한다는 근거, 즉 숫자는 없지만 통계적인 결과를 활용하여 논리를 전개시켰어. 재미있는 건 서로 자신에게 유리한 통계만 끝까지 사용했다는 거야.”

인정한다. 양쪽 다 고집스럽게 자기 통계만 활용했다.

“중·고등학교 수준에서 토론을 할 때, 그리고 토론을 준비할 시간이 많지 않을 때는 통계를 활용해서 토론을 하는 경우가 매우 드물어. 그래서 구체적인 숫자가 등장하기보다는 뭉뚱그려서 대다수, 소수, 절반이, 평균적으로 하는 식으로 통계적 방식을 사용해. 사회에서 벌어지는 토론에서는 통계를 정말 많이 활용하지. 통계를 활용하면 주장이 굉장히 타당해 보이기 때문이야. 통계는 숫자로 나타난 명확한 증거니까 반박하기 쉽지 않고, 그만큼 위력적인 무기거든.”

통계를 근거로 주장을 하면 반박하기 쉽지 않다. 너무나 명쾌하기 때문이다. 숫자는 거짓말을 하지 않는다는 믿음이 널리 퍼졌기 때문이다.

“통계를 사용하는 사람은 설득력을 강하게 하기 위해 통계로 꼼수를 부리는 경우가 많아. 그게 바로 꼼수 ⑲야.”

“통계로 어떻게 꼼수를 부리죠?”

“대표적인 게 1인당 GDP^(국민총생산)야. GDP는 흔히 우리나라가 얼마나 잘 사는지를 보여주는 숫자지. 1인당 GDP가 2만 달러를 넘었다는 말은 우리나라 국민 1년에 1인당 평균 2만 달러를 번다는 소리야.”

“전, 그 정도 못 버는데요?”

“당연하지. 1인당 GDP는 평균이니까. 1년에 1조원을 버는 사람 1명과 1년에

돈 한 푼도 벌지 못하는 사람 999명이 있다고 해봐. 평균이 얼마지?"

1조원÷1,000명＝10억 원이다.

"천 명의 사람들 1년 평균 GDP는 10억이야. 와! 진짜 잘살지?"

"말이 안 돼요. 999명은 한 푼도 못 버는데."

"그게 바로 평균의 함정이야. 그렇다고 거짓말은 아니지."

거짓말은 아니다. 그러나 분명 자신이 의도한 쪽만 강조해서 드러내는 방식으로 통계를 쓰려고 한다. 통계가 지닌 강력한 힘을 이용하고 싶은 욕심 때문에, 거짓은 아니지만 자신에게 유리한 부분만을 강조해서 사용하는 것이다. 솔직히 이건 거짓은 아니지만 거짓말이나 마찬가지다.

"통계로 상대를 교묘하게 설득하는 방법은 평균뿐만이 아니야. 어떤 회사가 작년에 견줘 1%밖에 더 많이 벌지 못했다고 하면 그 회사가 돈을 많이 번 느낌이 드니, 적게 번 느낌이 드니?"

"1%면 적잖아요."

내가 대답했다.

"그렇지? 그래서 1%밖에 더 벌지 못했으니까 회사가 어렵고, 그래서 '월급을 올려줘도 1% 이상은 어렵습니다' 하고 주장한다고 해봐. 꽤 설득력이 있지?"

우린 충분히 설득력이 있다고 인정했다.

"그럼 어떤 회사가 작년보다 1조를 더 벌었다고 하면?"

"1조씩이나요? 와, 엄청 많이 벌었네. 그럼 당연히 월급을 많이 올려줘야죠."

1조 씩이나 더 벌었으면 월급 진짜 많이 올려줘야 한다. 1조가 도대체 얼마야?

"그런데 1%를 추가로 벌었다는 말과 1조를 더 벌었다는 말은 똑같은 통계를 근거로 해. 한쪽은 비율로 말하고, 한쪽은 숫자를 말했을 뿐이야."

"아, 그러니까 작년에 100조를 벌었는데 올해 101조를 벌었단 얘기군요. 그걸 1% 늘었다고 할 때와 1조가 늘었다고 할 때 완전히 느낌이 다르네요."

지인이 설명을 들으니 명쾌하게 이해가 되었다.

“이 밖에도 통계는 정말 별의별 방법으로 사실을 왜곡하는 데 많이 사용 돼. 인터넷이나 언론 기사에 흔히 보이는 여론조사도 사람들의 생각을 알아내는 도구로 많이 쓰이고, 어떤 주장을 뒷받침하는 근거로도 많이 사용하지만, 실제로 교묘한 조작도 정말 많아. 세상 사람들의 실제 생각을 정확하게 보여주지 못한 경우도 많고……. 그럼에도 많은 사람들이 숫자 뒤에 감춰진 속임수를 알아채지 못하지. 통계에 관한 꼼수는 이 분야만 집중적으로 연구하는 학자들이 있을 정도니까 알만하지?”

난 숫자는 정직한 줄 알았다. 숫자로 뭘 이야기하면 정확하다고 믿었다. 그러나 아니었다. 숫자도 속임수를 쓴다는 걸 알았다. 그쪽 분야에 관한 책을 읽어보고 싶은 욕심이 들었다. 난 수학이 가장 싫다. 그런데 통계를 활용한 속임수를 생각하니 수학이 꼭 그렇게 재미없지는 않을 거란 생각도 들었다. 그거 공부해보면 재미있겠는걸. 이런 생각은 나에겐 완전히 기적이다. 내가 수학에 호감을 느끼다니……!

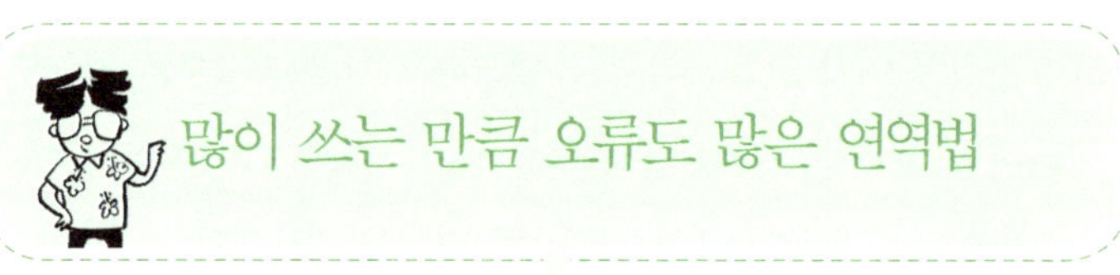

“또 하나의 꼼수인데, 지인이 말을 다시 잘 들어봐.”
시우샘은 우리가 조금 전에 토론한 내용을 다시 들려주었다.

○ **지원**　사실 학교에서 친구들을 보면 욕을 안 하는 친구들은 거의 없습니다. 대부분 욕을 사용합니다.

✕ **지인**　바로 그겁니다. 뉴스를 보니 90%의 청소년이 욕을 쓴다고 합니다. 어떤 프

로그램에서 청소년들이 대화하는 장면을 보여줬는데, 10분도 되지 않는 짧은 대화에서 욕이 100개도 넘게 나왔습니다. 이 정도면 정말 심각한 거 아닙니까?

"이게 뭐가 문제죠?"

지인이다.

"이상하단 느낌 드는 사람 아무도 없니?"

잠시 침묵이 흘렀다. 뭐가 문제일까 생각했지만 떠오르지 않았다.

"토론 주제가 뭐였지?"

"욕은 나쁜가였죠."

"모르겠어?"

잠시 뒤,

"아, 알았어요. 우린 욕이 나쁜지 여부를 토론하는데, 전 욕이 나쁘다고 아예 전제조건으로 깔고 얘기를 하는 중이에요."

"도대체 뭔 말이야?"

"그러니까, 내가 '청소년이 정말 욕을 많이 쓰니까 정말 문제다'는 식으로 얘기를 했잖아."

"그랬지."

"그런데 욕이 왜 나쁜지는 얘기하지 않고, 그냥 나쁘다고 설정해 놓고 그 다음 얘기를 했다는 말이야."

이제야 이해했다.

"이거 진짜 고단수지. 이건 연역법을 교묘하게 활용하는 방식이야. 논리학을 깊게 공부하면 연역법을 교묘하게 활용한 꼼수들이 정말 많다는 걸 알게 될 거야. 이건 고대 그리스 때부터 수많은 논리학자들이 연구를 한 분야야. 이쪽의 꼼수를 다 알려면 수십 권의 책을 읽으며 공부해도 모자랄 정도지."

“저흰 이런 거 잘 모르잖아요. 상대가 이런 꼼수를 쓰면 어떻게 하죠?”

꼼수 ⑱, 잘못된 연역법을 사용해 논리를 전개하기

“꼼수 ⑱을 깨뜨리는 방법은 하나야. 법칙 ③을 정확하게 이해하고, 정당한 연역법에서 벗어난 건 전부 잘못이라고 생각하면 돼. 이 분야는 제대로 배우려면 너무 시간이 걸리니까 기회가 되면 나중에 별도로 공부하자.”

흠, 이젠 수학에 이어 논리학도 배우고 싶어졌다. 공부란 게 참 재미있다. 모든 게 토론 수업으로 얻은 성과다. 토론을 하면 할수록 토론하는 재미가 커졌다. 수학에도 흥미가 생기고, 어렵다는 논리학도 배우고 싶어졌다. 학교에서도 이런 토론 수업을 많이 하면 얼마나 좋을까? 토론에 익숙해질수록 가만히 앉아서 선생님 설명만 듣는 교실이 답답하다. 내 생각을 말하고, 친구들 얘기를 들으면서 수업하는 교실은 불가능한 걸까? 토론을 하면서 사람 사는 세상이 얼마나 복잡한지 알았다. 학교는 복잡한 세상에서 살아갈 능력을 길러주는 곳인데 왜 ‘정답은 하나’란 식으로만 수업을 하는지 모르겠다. 분명 세상에 정답은 하나가 아닌데 말이다.

토론자의 기본자세, 상대를 존중하기

“토론 대회가 얼마 안 남았지?”
“네.”
“그동안 정말 감사했습니다.”

"나도 많이 즐거웠어. 토론 대회에 참가할 때 지켜야 할 원칙, 조심해야 할 사항 몇 가지만 알려주고 마지막 수업을 마칠게."

'마칠게'란 말이 끝난 뒤에도 아무 말이 없었다. 우린 시우샘 말씀을 기다리며 멀뚱멀뚱 시우샘을 바라보기만 했다.

"내가 설명해준다고 했잖아. 그런데 왜 그냥 쳐다보기만 해?"

"그럼……. 뭘 해요?"

"기억력이 좋나 보구나."

"네? 아!"

난 얼른 필기구를 들었다. 다른 애들도 황급히 필기구를 챙겼다.

"메모는 기본자세야. 너희가 엄청나게 기억력이 좋다면 굳이 메모할 필요가 없겠지만, 빠른 속도로 진행되는 설명이나 토론에서 메모하지 않고 모든 사항을 다 기억하기는 참 어려워. 물론 메모를 한다면서 상대편 말을 소홀히 들으면 안 되지. 집중해서 들으면서도 핵심을 간추려 재빨리 메모하기, 이게 바로 토론을 하는 기본자세야."

그건 법칙 ①에도 나온다.

"법칙 ①에도 나오잖아요. 귀를 잘 기울인다는 인상을 주고, 성실하고, 합리적인 느낌을 주는 방법이라고 했어요."

"법칙 ①은 단지 이기기 위한 방법이 아니야. 토론에 임하는 기본자세지. 잘 듣기, 상대편 말을 기억하며 메모하기, 이건 상대를 존중할 때만 가능한 자세야. 몇 번 강조했지만 이기려는 데 너무 집착하지 말고 상대를 존중하는 자세를 잃지 마."

이기려 하지 말고 상대를 존중하는 자세를 잃지 마라. 확실히 엄마와 대화하면서 이걸 분명히 느꼈다. 예전에 나는 엄마와 말다툼이 벌어지면 무조건 말로 엄마를 이기려고만 했다. 그러나 그럴수록 다툼은 커지고 엄마는 심하게 야단을 쳤다. 이제 난 엄마 말에 귀를 기울이고 엄마 의견을 존중할 때, 도리어 내 의견에 엄마가 귀를 기울인다는 사실을 잘 안다.

그런데 그런 태도가 서로 이기기 위해 경쟁하는 토론 대회에서도 효과를 발휘할까? 그건 솔직히 잘 모르겠다. 상대편은 엄마가 아니고 우리 편을 이기려고 기를 쓸 텐데…….

"너무 이기려고 하지 마. 너무 상대를 무시하고 공격하려고도 하지 마. 여유롭게 말해. 물론 그렇다고 상대가 허점을 보이는데 그걸 파고들지 말라는 건 아니야. 공격은 논리로만 해. 아무리 치열하게 논리가 전개되더라도 감정적인 적대감을 보이지 마. 그건 상대를 존중하는 자세가 아니니까."

솔직히 쉽지 않은 자세다. 적극적으로 상대 논리를 공격하면서도 상대편을 존중하는 태도를 유지하기가 과연 쉬울까? 솔직히 우리끼리 토론할 때도 그런 태도를 유지하기가 쉽지 않았다. 토론이 격해지면 상대가 날 무시한다는 느낌이 들고, 꼭 이기고 말겠다는 승부욕이 치솟아오르기도 했다.

"시선 처리도 중요해. 상대가 말할 때는 반드시 상대를 바라 봐. 마음을 다해서 들어. 시선은 상대의 눈을 봐. 그게 부담스러우면 입을 쳐다봐도 좋아. 그리고 내가 말할 때는 상대편을 쳐다보기도 하다가, 가끔은 심사위원들을 바라 봐. 상대편을 적극적으로 공력하거나 설득할 때는 상대를 정면으로 봐. 그리고 심사위원들도 종종 바라 봐. 상대가 조금 답답하다는 느낌이 들 때 상대를 설득하려 들지 말고, 심사위원들을 내 편으로 만들어. 그래서 심사위원들을 설득해서 심사위원들의 마음을 빼앗아."

아!

그렇구나.

난 언제나 토론하면 상대편만 생각했다. 그러나 우린 토론 대회에 나간다. 토론 대회는 심사위원들이 판정을 한다. 따라서 심사위원들을 생각해야 한다. 합리적인 우리의 의견을 상대편이 전혀 인정하지 않으면 굳이 상대편을 설득하려 들지 말고 심사위원들을 설득하면 된다. 그럼 심사위원은 우리는 합리적이라고 여기고 상대편은 고집불통이라고 여길 것이다. 정말 멋진 승리법이다.

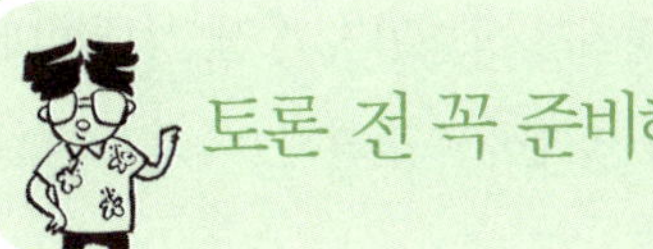

"토론 대회 운영 규칙을 보니 토론 주제도, 의견 정하기도 모두 추첨으로 한다고 되어 있네. 주제가 주어진 뒤에는 외부와 연락을 못 하게 하고, 만약 외부 연락을 하거나 인터넷 검색을 하는 게 드러나면 무조건 탈락이라고 했어. 외부의 도움을 받지 않고 순수하게 스스로의 힘으로 하라는 말이네."

"맞아요. 솔직히 어려운 주제가 나오면 어떻게 할지 조금 걱정스럽기도 해요."

"그건 뭐 너희들 역량에 달렸지. 그건 단기간에 어쩔 수가 없어. 일단 주제가 주어지고 너희에게 30분에서 1시간 정도 시간이 주어질 거야. 그때 다음과 같은 순서로 준비를 해."

토론을 준비하면서 해야 할 일

1. 토론 주제의 핵심 쟁점이 무엇인지 파악한다.

2. 내 주장의 핵심 근거와 논리를 파악한다.

3. 상대 주장의 핵심 근거와 논리를 예측한다.

4. 내 주장의 장점과 단점을 파악한다.

5. 상대 주장의 장점과 약점을 파악한다.

6. 우리에게 유리한 논쟁의 틀을 만들고, 논거를 정리한다.

"토론을 준비할 때 대부분 자기편 의견만 생각해. 그러나 그것만으로는 안 돼. 반드시 상대편 의견이 무엇일지 고민해야 해. 너흰 네 명이니까 2명이 반대편이 돼서 반대쪽 의견을 정리해. 간단하게 반대편이 되어 논쟁도 해봐. 그러면서 반대편 의견, 반대편의 핵심 논리, 쟁점이 무엇으로 형성될지를 생각해. 그래야만 상대편을 효과적으로 공략할 수 있어. 그 과정에서 상대편의 장점, 상대편의 약점, 나의 장점과 약점, 토론에서 형성될 쟁점을 명쾌하게 정리해. 이 정도면 충분한 준비가 될 거야."

"준비하면서 당연히 메모도 해야겠죠?"

"그럼, 당연히 메모를 해야지. 그리고 말할 때는 써 놓은 걸 보면서 읽지 마. 반드시 상대편과 심사위원을 보고 말해. 말하기와 그냥 읽기는 다른 거야."

난 시우샘 말을 꼼꼼히 메모하며 가슴에 새겼다.

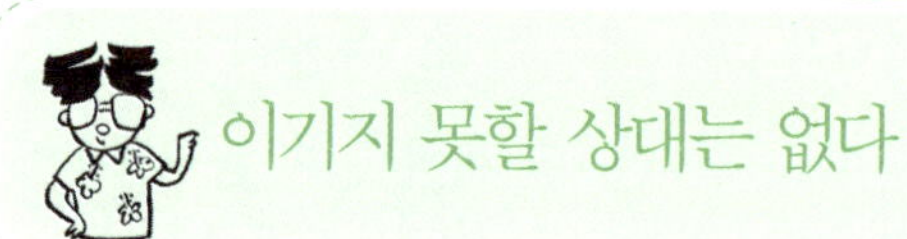

"너희들에게 마지막으로 해주고 싶은 말이 있어. 이 말을 명심해."

명심하라는 말에 난 귀를 쫑긋 세웠다.

"어떤 강력한 논리도 반론은 가능하다."

아! 난 시우샘이 왜 이 말씀을 하셨는지 알아들었다. 우린 1학년이다. 토론 대회에서 만날 상대는 전부 우리보다 고학년이다. 기죽기 딱 좋은 조건이다. 어떤 강력한 상대를 만나도 상대가 어떤 논리를 펼쳐도 반론이 가능하다면, 기죽을 이유가 없다. 당당하게 끝까지 맞서보는 거다.

"이 말은 당당함을 유지하란 말이기도 하지만 그 어떤 주장도 허점이 있기 마련이란 뜻이기도 해. 즉, 너희의 주장도 절대적 진리가 아니며 충분히 반박이 가능하단 뜻이야. 반론이 가능하다는 건 세상에 하나의 진리가 존재하지 않는다는 말이야."

우리가 아무리 멋진 논리를 사용해도 반박이 가능하다는 말에 잠시 움찔했다.

"논쟁을 즐겨. 토론은 즐거우니까. 이기지 못할 상대는 없으니 당당하고 재미있게 즐겨봐. 토론 대회란 부담은 지우고 즐겁게 토론을 해. 멋진 토론을 기대하마."

2부

실전에 강한 토론 비법,
토론 대회에서
빛을 발하다

01

토론 비법을 활용한 6가지 준비 단계

가슴 떨리는 날이다. 드디어 토론 대회다. 지난밤에 잠드느라 무척 애써야 했다. 토요일에 학교 가는데도 전혀 싫지 않았다. 토론 대회 장소는 학교 강당이다. 학생은 토론 대회 참가자들뿐이고, 나머진 선생님들이셨다. 400명을 수용하는 강당에 70여 명뿐이었지만, 참가자들이 내뿜는 열기로 강당 안이 후끈거렸다. 주위를 아무리 둘러봐도 1학년은 우리뿐이었다. 심지어 1학년 선생님들도 안 계셨다. 참가자 중 1학년이 우리뿐이라는 건 이미 알았지만, 실제로 확인하니 괜히 주눅이 들었다.

참가자들이 모두 왔는지 확인하는 시간이 지루하게 이어지더니 교감선생님이 나오셔서 무슨 말인지 모를 긴 연설을 하셨다. 핵심만 간단히 하시면 좋을 텐데……. 잠시 뒤 3학년 국어선생님이 토론 대회 진행 절차를 알려주셨다. 먼저 스마트폰을 비롯한 각종 전자기기를 전부 수거하였다.

"토론 대회를 진행하는 동안 외부와 연락을 하거나 전자기기를 사용하면 자격을 박탈합니다. 만약 나중에라도 사실이 밝혀지면 이겼더라도 승리 자격을 박탈합니다."

우린 재빨리 스마트폰을 냈다. 혹시 나도 모르게 MP3가 있을까봐 주머니와 가방을 뒤져보기도 했다. 선생님은 진행 규칙을 지루하게 설명하셨다. 이미 진행 규칙을 인쇄해서 나눠줘 놓고 왜 다시 하나씩 전부 설명하는지 모르겠다.

[규칙] 대진표, 대결 순서는 모두 추첨을 통해 결정한다. 토론 주제와 찬반 의견도 추첨을 통해 결정한다. 이는 공정성을 확보하기 위함이다.
- 토론 주제와 찬반 의견은 토론 시작 30분 전에 추첨으로 결정한다.
- 4강전부터는 1시간 전에 주제와 의견을 추첨으로 결정한다.

선생님이 추첨에 대해 길게 설명하는 동안 난 '추첨을 통한 대회 진행 방식이 공정한가'를 주제로 혼자 생각했다. 머릿속으로 두 팀으로 나누어 토론을 하기도 했다.

[규칙] 토론 진행
* 순서 : 기본 의견 발표 → 자유토론 → 마무리 발표
* 토론 시간 : 16강전 팀별 15분

    8강전, 4강전 팀별 20분

    결승전 팀별 25분
* 작전 시간 : 토론 중에 팀별로 작전을 짤 기회 제공
    - 16강전 1회, 1분씩
    - 8강전, 4강전 2회, 1분씩
    - 결승전 2회, 2분씩

석규가 추첨을 하러 나갔다. 제발 쉬운 팀이 걸리길 간절히 기원했다. 16강전에서 떨어지면 진짜 쪽팔리다. 친구들 얼굴 보기도 민망하고, 무엇보다 시우쌤에게 죄송스럽다. 추첨하러 갔던 석규가 왔다.

"2학년 선배들이야. 우리처럼 여자 둘, 남자 둘이야. 그리고 우린 일곱 번째로 토론할 거야."

말하면서 석규는 우리와 붙게 된 팀을 가리켰다. 난 석규가 가리키는 곳을 살폈다. 여러 명이 모인 곳이어서 헷갈렸는데 저쪽에서 우리를 힐끔힐끔 쳐다보는 몇몇 선배들이 보였다. 나도 그쪽을 살폈으므로 의도하지 않게 눈빛을 교환했다. 난 얼른 눈을 돌렸다.

"당당하게 상대 눈을 봐라."

시우쌤 말이 떠올라 얼른 다시 바라봤다. 이번엔 피하지 않았다. 뭐, 어차피 우린 져도 손해볼 게 없는 처지다. 1학년이 떨어지면 당연하고 이기면 놀랍다고 할 테니까……. 생각을 바꾸니 마음이 편했다.

첫 번째로 뽑힌 토론 팀들이 앞으로 나가 주제를 뽑았다. 찬반 의견도 정했다. 두 팀은 의견이 정해진 뒤 강당 뒤쪽 대기실로 따로따로 이동했다. 거기서 의견을 준비할 것이다. 나는 첫 번째 토론이 열리길 기다리는 동안 승리 판정에 관한 규칙을 읽었다.

[규칙] 승리 판정

* 판정 방식
  - 5명의 심사위원이 심의하여 결정
  - 심사위원의 의견이 엇갈릴 경우 심사위원 다수로 승리팀 결정
  - 결승전은 학생 5명, 학부모 5명, 선생님 5명으로 판정위원회 구성.
    합의제로 결정하되, 합의가 되지 않으면 학생 25%, 학부모 25%, 선생

님 50%로 의견을 반영하여 결정

* 판정 기준

    – 논리적인 설득력

    – 논제에 대한 이해 수준

    – 적절한 수준의 반박과 공격

    – 창의적인 문제 해석

    – 바른 태도

30여 분 뒤 16강 1차전이 열렸다. 우린 긴장한 채 지켜봤다. 나도 모르게 손에 힘이 들어갔다. 내가 저 자리라면 어떤 말을 할까 떠올려보기도 했다. 그때 지인이가 작게 속삭였다.

"야, 저 팀! 완전 꼼수 작렬이다."

"상대팀은 그것도 모르고 완전 휘말려 들었어."

석규 말에 나도 고개를 끄덕였다. 선배들이 저 정도 수준이라면 겁먹을 이유가 전혀 없었다. 최소한 심사위원을 하는 선생님들은 저런 얼토당토 않은 꼼수는 꿰뚫어보리라 믿었다. 첫 번째 대결에선 꼼수가 작렬했던 팀이 승리했다. 꼼수를 많이 쓰긴 했지만, 상대팀은 꼼수에 휘말려 들어 거의 힘을 쓰지 못했기 때문이다. 저런 팀이 걸리면 우리도 쉬울 텐데.

2시간 반 동안 다섯 팀의 토론을 지켜봤다. 화장실도 세 번이나 다녀왔다. 긴장을 풀려고 해도 완전히 풀리지는 않았다. 잠시 뒤 우리를 부르는 소리가 강당에 울렸다.

"자! 이제~ 가자. 파이팅!"

석규가 주먹을 불끈 쥐었다.

나는 최대한 침착한 얼굴로 앞으로 나갔다. 여섯 번째 16강전이 벌어지기 전에 우리의 토론 주제와 의견을 뽑아야 한다. 동전 던지기 끝에 주제는 상대편에서 뽑기로 했다.

밀폐된 검은 함으로 손이 들어갔다. 잠시 휘젓더니 종이봉투 하나가 손에 딸려 나왔다. 진행을 맡은 3학년 국어선생님이 봉투에서 토론 주제가 적힌 종이를 꺼냈다. 모두 세 장이었는데 선생님이 한 장, 상대편이 한 장, 우리가 한 장씩 가졌다.

우린 고개를 맞대고 주제를 읽었다.

[16강전 토론 주제] **꿈을 이루기 전이 꿈을 이룬 뒤보다 더 행복한가?**

[가]

"보다시피 나는 이 꼴이 되었단다. 아무리 원해도 다시 돌아갈 수가 없어. 난 끝장이 났어. '기기는 기기인거야!' 모모, 이 말 생각나니? 하지만 기기는 기기로 남아 있지 못했단다. 모모, 얘기 하나 해줄까? 인생에서 가장 위험한 건 꿈이 이루어지는 거야. 적어도 나처럼 되면 그렇지. 나는 더 이상 꿈꿀 게 없거든. 아마 너희들한테서도 다시는 꿈꾸는 것을 배울 수 없을 거야. 난 이 세상 모든 것에 신물이 났어."

_『모모』 중에서

[나] 2002년 월드컵에서 나온 카드섹션

주제를 보자마자 난 반대 의견이 좋다고 판단했다. 꿈은 이뤄야 한다. 당연히 꿈을 이룬 뒤가 더 행복하다. 난 제발 우리가 반대 의견을 뽑기를 바랐다. 지인이가 찬성/반대를 뽑기로 했다. 검은 상자 안으로 손이 들어갔다. 지인이는 망설이지 않고 곧바로 종이봉투 하나를 꺼냈다.

"찬성!"

이런! 꿈을 이루기 전이 낫다는 의견을 선택했잖아. 잘 뽑지 않고! 어휴, 조금 막막했다. 하긴, 뭐~ 원망해봐야 소용없는 일이다. 지인이라고 저걸 뽑고 싶진 않았을 테니까. 우린 아무 말 없이 대기실로 들어갔다. 이제부터 준비 시간 30분이다. 철저히 준비해야 한다.

"반대가 더 좋았는데."

내가 아쉬움에 차서 말했다.

"나도 그렇긴 해. 하지만 시우샘이 그러셨잖아. 세상에 반박하지 못할 논리는 없다고."

하긴, 반박하지 못할 논리는 없다. 이기지 못할 상대도 없다. 우린 지금까지 누구보다 열심히 준비했고, 토론 법칙과 꼼수에서 이기는 방법을 익혔다. 아자! 자신감 충전!

우린 그 동안 연습한 대로 차근차근 토론 준비를 하기로 했다. 우린 시우샘이 알려주신 '토론을 준비하면서 해야 할 일'을 확인하고 그에 맞게 준비를 했다.

준비 ① 토론 주제의 핵심 쟁점이 무엇인지 파악한다.

"꿈을 이루기 전과 꿈을 이룬 뒤, 무엇이 더 행복한가? 여기서 쟁점은 행복이야."

무엇이 더 행복한 걸까?

"법칙 ⑤, 토론의 틀을 우리에게 유리하게 끌어오려면 여기서 행복을 우리에게 유리한 쪽으로 정의를 내려야 해. 행복이 뭘까? 어떤 때 더 행복한 걸까?"

지인이가 분석을 했다.

"만족감이 아닐까? 무언가를 이루었을 때 느끼는 만족감."

난 말해 놓고 곧바로 후회했다. 이건 상대편에게 유리한 정의다.

"무언가를 이루었을 때 느끼는 만족감은 상대편에 유리해."

고운이가 곧바로 지적했다.

"아무튼 만족감이란 말은 맞다고 봐. 그럼 어떤 때 만족감이 더 큰지가 중요하잖아."

"좋아, 일단 '무엇이 만족감을 더 크게 주는지'가 쟁점이야. 꿈을 이루기 전이 만족감을 더 크게 주는가? 꿈을 이룬 뒤가 만족감을 크게 주는가?"

우린 각자 메모를 했다. 그런데 아무래도 이 토론은 우리가 불리해 보인다. 당연히 만족감은 이루었을 때 더 크기 때문이다.

"우리 주장의 핵심을 난 도전정신이라고 봐. 무언가 도전하면서 느끼는 쾌감은 아주 크거든."

"난 설렘에 주목했어. 무언가를 하려면 설레잖아. 기다리는 동안 가장 설레거든. 소풍을 갈 때도 가는 날보다 가기 전이 설레지."

"그거 멋진 유추다. 필요하면 쓰자."

"도전하면서 느끼는 만족감, 기다리면서 드는 설렘, 이게 우리들의 핵심 논리야."

준비 ③ **상대 주장의 핵심 근거와 논리를 예측한다.**

이건 내가 할 말이 많았다.

"이루고 난 뒤에는 성취감을 느껴. 성취감이야말로 가장 큰 만족감을 주지."

"그건 참 반박하기 힘든 논리야."

석규가 어둡게 동의했다.

"꿈을 이루기 위한 과정의 힘겨움도 생각해야 해. 우리가 미래를 준비하기 위해 시험도 보고, 공부도 하잖아. 그런데 진짜 힘들어. 그 과정이 행복하다는 건 말이 안 되지."

난 말하면서 점점 기분이 나빠졌다. 질 것 같았다. 상대의 논리가 우리보다 훨씬 설득력이 강했다.

"도전 과정에서 찾아오는 불안도 빼놓을 수 없지. 솔직히 꿈을 이룰지, 못 이룰지 굉장히 불안하잖아. 꿈을 이룬 사람을 보면 부럽기도 하고."

고운이 말을 들으니 더욱 막막했다.

장점과 단점은 명확했다. 우리의 장점은 도전정신과 설렘이었다. 반면에 단점은 성공이 주는 성취감과 도전의 힘겨움이었다. 도전하는 과정의 불안함과 꿈을 이룬 사람을 향한 부러움도 우리의 약점이었다. 그리고 우리의 약점은 고스란히 상대의 장점이었다.

준비 ⑤　　**상대 주장의 장점과 약점을 파악한다.**

"상대의 장점은 뻔해. 상대가 들고 나올 논리도 뻔하고. 상대편은 성취감을 가장 핵심으로 들고 나올 거야. 우리 쪽이 지닌 약점도 상대편이 지닌 장점이 될 거야. 그럼 도대체 상대편의 약점은 뭐지? 토론의 틀을 우리가 유리하게 끌어가려면 우리의 장점과 상대의 약점이 맞서게 만들어야 해. 진짜 고민이다."

정말 고민이었다. 어떻게 반박해야 할까? 어떻게 상대를 공략해야 할까? 강력한 논리의 벽에 부딪친 느낌이었다. 이렇게 막막한 상황에서도 반박논리가 존재할까?

"난 초등학교 6학년 때 제주 올레길을 걸었어."

고운이였다.

"그땐 정말 힘들었거든. 괴롭고. 다 걷고 나서는 정말 뿌듯했어. 그런데 다 지나고 나니까 오히려 걸을 때의 힘겨움이 더 생각이 많이 났어. 내 생각엔 힘겹다고 그게 불행은 아니라고 봐."

고운이 말을 듣자 내 머리는 번쩍 불이 들어왔다. 세상에 반박하지 못할 논리는 없다. 이기지 못할 상대도 없다. 난 지레 내 생각에 빠져 겁을 먹었던 것이다. 시우샘이 왜 마지막에 '세상에 반박하지 못할 논리는 없다'라는 말을 강조했는지 가슴에 팍! 와 닿았다.

"동감이야. 엄마, 아빠들이 그러잖아. 우리가 힘들어 하면 '너희들은 모르지만 그때가 정말 좋았다는 거 아니?' 하고 말씀하셔. 그건 이룬 뒤가 아니라 이루는 과정이 훨씬 행복하다는 거잖아."

머리에 족쇄가 풀린 듯 생각이 풀려 나왔다.

"성취감도 무조건 좋지는 않아. 무언가 이루고 나면 그때는 좋지만 조금만 시간이 지나면 도전할 게 없으니 허전해지고, 만족감이 줄어들어."

"그래서 꿈을 이루려고 하는 젊은이는 힘이 넘치는 반면에, 이미 꿈을 이룬 어른들은 별로 활기가 없어. 그게 도전이 더 아름다운 이유야!"

와!

이건 뭐 완벽하다.

준비 6 우리에게 유리한 논쟁의 틀을 만들고, 논거를 정리한다.

"상대는 성취감을 핵심으로 들고 나올 거야. 그리고 도전의 힘겨움을 들고 나오겠지."

"성취감엔 성취 뒤에 찾아오는 무력감, 젊은이의 패기, 도전정신의 아름다움 등으로 맞서자."

"거기서 팽팽하면 상대는 도전할 때의 힘겨움을 분명히 들고 나올 거야. 그땐 힘겨움이 불행이 아니라는 점을 강조하자. 어른들이 '그때가 좋았어' 하는 식의 말을 인용하는 거야."

"거기에 덧붙여 소풍의 설렘을 활용해. 도전의 설렘도 우리의 공격 무기야."

"처음 발표 때는 도전정신의 아름다움과 설렘 정도로만 하자. 그러면 상대편은 분명히 성취감을 들고 나올 테니 그때 그에 맞춰 공격하자. 첫 발언은 석규가 하는 게 어때?"

"좋아. 그건 내가 준비할게. 마지막 마무리 발언은 누가 하지?"

“그건 토론 중에 정하자. 할 말이 충분히 남은 사람이 하는 게 좋을 듯해.”

우리는 대화를 바탕으로 간단하게 우리들의 논거를 정리했다. 메모를 하는데 가슴이 살짝 떨렸다. 자신감이 뭉글뭉글 솟아났다.

똑똑!

대기실 문이 열렸다.

“이제 나와라. 너희 차례다.”

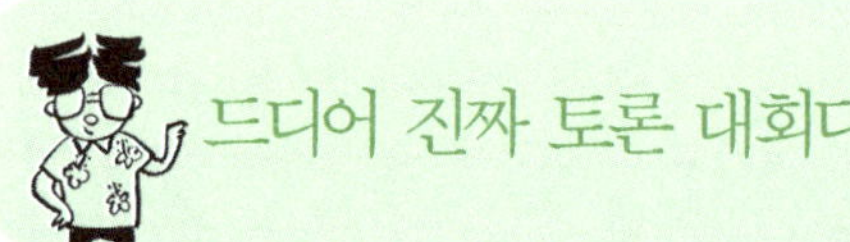

드디어 진짜 토론 대회다

드디어 진짜 대결이다. 16강전! 월드컵 축구에서는 16강전에 오르기 위해 치열한 경쟁을 벌인다. 그러나 우린 바로 16강전에 진출했다. 16강전 진출은 숨쉬기 운동처럼 쉬웠다. 참가하는 팀이 16개였으니까.

우린 무대 왼쪽에 나란히 앉았다. 가운데 선생님 한 분이 사회를 보셨고, 반대쪽에 우리와 대결할 팀이 앉았다. 책상 위엔 마이크가 네 개 놓여 있고, 종이와 필기구도 있었다. 강당 바로 아래쪽엔 선생님 다섯 분이 채점표를 앞에 두고 우릴 지켜봤다. 채점자 선생님들 좌우에는 큰 디지털시계 두 개가 15분 00초에 머문 채 줄어들 기회를 엿보고 있었다. 그 뒤에는 각각 한 분의 선생님이 계셨는데, 발표 시간을 관리하는 역할인 듯했다.

“1학년에서 유일하게 출전한 팀인데 열심히 하렴. 너무 기죽지 말고.”

진행하시는 선생님이 우리를 보며 말씀하셨다. 우린 기죽지 않았거든요. 선생님 말을 듣고 나니 더 오기가 생겼다. 전혀 없던 패기까지 되살아났다. 겁먹을 이유가 하나도 없었다. 이기지 못할 상대는 없으니까!

진행하시는 선생님이 주제를 설명해주었다. 마이크 소리가 강당을 울렸다.

"지금부터 토론을 시작합니다. 먼저 찬성팀부터 의견을 발표해주세요."

시계가 15:00에서 14:59로 줄어들었다. 석규가 입을 열었다.

석규 토론 주제에서 핵심은 '행복'입니다. 행복은 만족감입니다. 우리는 흔히 무언가를 이룰 때 크게 만족한다고 생각하지만, 꿈을 이루기 위해 나아가는 과정에서 얻는 만족감도 상당히 큽니다. '도전하는 자가 아름답다'는 말도 있습니다. 도전은 그 과정에서 큰 만족감을 줍니다. 또한 도전하는 과정에 설렘도 많이 맛봅니다. 무언가를 준비하면서, 무언가를 기다리면서 느끼는 설렘은 정말 행복을 선물합니다. 설렘을 통해 얻은 만족감은 사람을 진정으로 행복하게 만듭니다.

상대 1 꿈을 이룬 뒤가 행복할까요? 꿈을 이루기 전이 행복할까요? 당연히 꿈을 이룬 뒤가 행복합니다. 우리가 공부하고, 노력하는 이유가 무엇입니까? 꿈을 이루기 위해섭니다. 꿈을 이룬 뒤가 더 행복하지 않다면 우리가 무엇 때문에 꿈을 이루기 위해 노력하겠습니까? 꿈을 이룬 뒤에 얻는 뿌듯함이 진짜 큽니다.

"기본 의견 발표가 끝났습니다. 두 팀 모두 아주 멋진 논리군요. 지금부터 자유토론을 시작합니다. 자유롭게 토론을 하며, 발언 기회는 얻을 필요가 없습니다. 다만 자기 팀이 사용할 발언 시간이 총 15분으로 정해져 있다는 사실은 잊지 마시기 바랍니다. 전 특별한 일이 생기지 않는 한 자유토론 중에는 끼어들지 않겠습니다. 토론 중간에 작전타임을 원하면 요청을 하십시오. 작전타임 시간은 1분이며, 요청한 팀에게만 주어집니다."

난 디지털시계를 쳐다봤다. 우리 팀은 14분 21초였고, 상대팀은 14분 30초였다. 남은 시간은 아주 넉넉했다.

상대 2 우리가 꿈을 품고 사는 건 행복하기 위함입니다. 우린 열심히 공부를 합니다. 왜 공부할까요? 그건 꿈을 이루기 위해섭니다. 꿈을 이루는 과정은 정말 고통스럽고 괴롭습니다. 상대편 토론자께선 꿈을 준비하는 과정이 설렌다고 했는데, 그럼 상대편 토론자는 힘들게 공부하는 게 재미있고 신 납니까?

저건 꼼수 ④, 너라면 그러겠느냐는 식의 공격이다.

우린 그 정도에 넘어가지 않는다. 상대편 말은 논리적으로 자연스럽지 못했다. 말도 뒤죽박죽이었다. 이 정도라면 뭐 가볍게 반박이 가능하다.

지원 놀이공원 좋아하시죠? 놀이공원에 가면 참 즐겁습니다. 그런데 사실 놀이공원 가기 전에 기다리는 동안 진짜 설렙니다. 기다리는 즐거움이죠. 그런데 정작 놀아보면 기다리는 동안의 설렘이 그대로 채워지지 않는 경우가 많습니다. 무엇보다 놀이공원에 간 꿈을 이룬 뒤, 즉 그게 지난 뒤에는 허전하고 아쉽습니다. 놀이공원을 다녀온 뒤와 놀이공원을 기다릴 때 마음을 견줘보십시오. 어떤 때가 더 행복할까요?

와! 내가 이런 논리를 사용하다니. 준비했던 유추를 사용했다. 놀이공원 가는 것과 꿈을 이루는 것의 유사함을 근거로 논리를 전개했다. 나아가 꼼수 ⑥, 양자택일을 요구하는 방법과 법칙 ⑤, 논쟁의 틀을 유리하게 잡는 방법을 뒤섞어서 사용했다. 놀이공원을 간 뒤와 가기 전, 이게 꼼수인지 법칙인지는 나도 잘 모르겠다. 그러나 상대를 당황하게 하기에는 충분했다.

상대 3 놀이공원에서 놀 때가 더 재밌습니다.

지원 전, 놀이공원 가기 전과 놀이공원 간 뒤에 어떤 때가 더 즐겁고 설레는지 물었습니다. 그 부분에 대해 답변해주십시오.

상대 4 중요한 건 놀이공원에서 놀 때죠.

석규 놀이공원에서 노는 건 잠깐입니다. 논 뒤는 오래 가죠. 성공을 이루는 그 순간은 잠깐입니다. 그 뒤가 오래갑니다. 따라서 놀이공원의 비유는 아주 적절합니다. 질문에 답해주시기 바랍니다.

상대 3 성취를 하면 더 기쁘죠.

석규 지금 답변을 안 하시는 건 우리 팀 의견이 맞는데 동의하기는 싫기 때문인 것으로 보이니 더 이상 답변을 요구하지는 않겠습니다.

꼼수 ⑮, 상대의 약점만 파고들기와 꼼수 ⑳, 상대의 주장에 증거가 없다면 자신의 주장이 옳다고 하기. 멋진 꼼수다. 그런데 토론을 하다 보니 솔직히 말해 이게 꼼수인지, 법칙인지 잘 모르겠다. 에이, 그걸 명확히 구분해야 하나 싶다. 그냥 논쟁을 주도하고 토론에서 이기면 되지 뭐.

상대 1 놀이공원 가는 날을 기다리는 건 즐겁습니다. 그러나 공부하는 과정은 즐겁지 않습니다. 우린 주로 꿈을 이루기 위해 공부를 하는 학생입니다. 상대편 토론자들은 공부하는 과정이 즐겁습니까?

상대편은 우리가 예상한 논리에서 한 치도 벗어나지 못했다.

고운　전 초등학교 6학년 때 제주 올레길을 걸었습니다. 그땐 정말 힘들었습니다. 발에 물집이 잡히고 땀은 계속 나고, 뒤에 맨 가방은 무겁고. 함께 걷는 아빠에게 왜 이렇게 힘든 길을 걷는지 원망도 많았습니다. 걸을 땐 정말 힘들었습니다. 그런데 며칠 걷다보니 걷는 게 고통스럽기는 하지만 불행한 느낌은 들지 않았습니다. 힘겨움을 이겨내면서 한 걸음, 한 걸음 걷는 제 발걸음이 정말 기특했고, 만족스러웠습니다. 다 걷고 난 뒤에는 정말 뿌듯했습니다. 물론 전 제주 올레길을 걷는 동안 힘들었습니다. 하지만 힘겨움이 불행이라고 생각하진 않습니다.

지인　맞습니다. '젊어서 고생은 사서도 한다'는 말이 있습니다. 어른들은 공부에 힘들어하는 저희를 보며 '그때가 좋은 때야' 하고 말씀하시는데, 그건 우리가 힘겹다고 생각하는 이 순간이 사실은 아주 행복한 시간이라는 증거입니다.

상대 3　아니, 공부가 어떻게 힘이 안 듭니까? 공부가 즐겁습니까?

어휴, 저 정도밖에 반박하지 못할까? 이건 우리가 예상한 것보다 한참 수준이 낮다.

지원　혹시 방금 말씀하신 토론자는 꿈이 무엇입니까?

상대 3　저요? 축구 해설가나 평론가가 되고 싶은데요? 왜 물으시죠?

지원　지금 공부하시는 거 힘들다고 하셨는데, 축구 평론가가 되는 공부도 힘들 겁니다. 그런데 축구 평론가가 되는 공부가 힘들다고 해서 토론자 님을 불행하게 할까요?

상대 3　그거야 행복하죠. 하지만…….

석규　바로 그겁니다. 자신의 진정한 꿈을 향해 나아가는 과정은 행복한 겁니다. 도전을 불행이라고 보는 건 그 꿈이 진짜 자기 꿈이 아니기 때문입니다.

주도권은 완전히 우리에게 넘어왔다. 논쟁의 틀은 우리에게 유리하게 형성되었고, 상대편은 거기서 빠져나오지 못했다.

상대 4 하지만 꿈을 이루었을 때 성취감이 훨씬 큽니다. 성취하고 나면 기쁘고, 행복합니다. 돈을 많이 벌고, 높은 지위에 오르고, 그러면 만족하며 삽니다.

고운 도전하는 젊은이와 꿈을 이룬 어른을 견줘보십시오. 꿈을 향해 나아가는 젊은이는 패기가 넘치고 행복하지만, 이룰 게 더 이상 없는 어른은 무기력합니다.

상대 4 이미 꿈을 이룬 뒤에 무기력감이 든다고 했는데, 무기력감이 들기 전에 또다시 새로운 걸 향해 나아가면 됩니다.

이번엔 스스로 무덤을 팠다. 저런 실수를 가만 두면 안 된다. 꼼수 ⑯, 상대가 실수를 하면 실수를 물고 늘어진다.

지원 맞습니다. 무기력감에서 벗어나려면 또다시 도전을 해야 한다는 주장은 아주 타당합니다.

상대 4 아니 그게 아니고, 성공한다고 해도 무기력하지 않다는 말입니다.

지원 그 말이 우리 의견을 인정한 거 아닐까요?

상대 1 패기와 무기력을 말했는데, 그건 도전과 성취의 문제가 아니라 젊고 나이 듦의 차이입니다.

고운 아닙니다. 나이가 들어도 도전하려는 마음이 있는 사람은 젊습니다.

지인 나이는 숫자일 뿐이라고 했습니다. 도전하는 마음이 있는 사람은 나이에 상관없이 젊고, 도전하는 마음이 사라지면 나이에 상관없이 늙은 것입니다. 젊음이 아름다운 건 도전하기 때문이고, 그게 바로 삶에 만족감을 줍니다.

솔직히 토론의 승부는 이미 끝났다. 우린 시간을 거의 다 썼다. 상대편은 시간이 많이 남아서 마무리 발언을 아주 길게 했다. 하지만 이미 앞에서 한 얘기를 또 다시 반복하는 수준이었다. 하지만 고운이의 마무리 발언은 차원이 달랐다.

고운 우린 결과만을 생각하며 살지만, 실제 삶은 과정이 훨씬 깁니다. 도전하는 과정에서 느끼는 만족이야말로 인생의 대부분을 차지합니다. 인생은 끊임없는 도전이며, 그 속에서 우린 행복을 느껴야 하고, 실제로 훨씬 더 행복합니다.

난 고운이 발언을 듣고 박수를 칠 뻔했다. 이런 게 고운이의 매력이다. 정말 생각이 깊다. 요즘 애들처럼 가볍지 않다. 내가 고운이를 좋아할 수밖에 없는 이유다. 토론 결과는? 물어보나마나다. 선생님 전원 일치 승리, 5:0이었다.

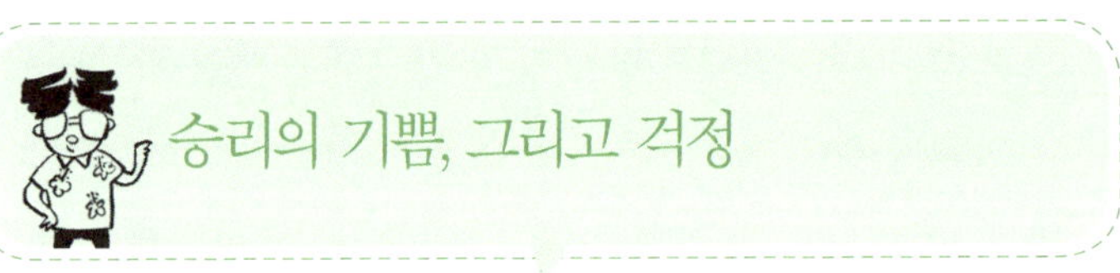

승리의 기쁨, 그리고 걱정

"1학년이라 기죽지말라고 응원했는데, 내 걱정이 기우였구나. 아주 멋진 토론이었어."

진행을 맡으신 선생님이 토론을 끝내고 나가는 우리에게 엄지를 들어 보였다. 우린 기쁨을 만끽하며 폴짝폴짝 뛰고 싶었지만 간신히 참았다. 우린 마지막 토론을 편안한 마음으로 지켜봤다.

가만히 토론을 지켜보던 우리는 긴장했다. 토론 팀 중 하나가 엄청난 수준이었다. 가장 놀라운 건 해박한 지식이었다. 우린 들어본 적도 없는, 우리 중에서 책

을 가장 많이 읽고 신문은 빼놓지 않고 보는 석규도 모르는 이야기를 마구 쏟아
냈다. 저 팀은 걸리면 안 되겠다! 우린 제발 저 팀을 피하게 해달라고 빌었다.

8강전은 수요일 방과 후에 열린다는 일정을 확인한 뒤에 강당을 나섰다. 우리
는 한참 조용히 걷다가 아무도 없는 곳에서 소리를 지르며 기쁨을 만끽했다.

02

실력을 뒤집는 반전카드, '논쟁의 틀'을 잡아라!

수요일 8강전이 열리기 전에 시우샘을 한 번 만나고 싶었지만 그러지 못했다. 결국 전화로만 얘기를 나눴다. 난 마지막에 본 강팀을 만날까 봐 걱정된다고 말씀드렸다.

"상대가 너무 해박한 지식을 발휘해서 걱정이구나."

"네, 진짜 장난이 아니었어요. 심지어 석규도 무슨 말인지 모르겠다고 했다니까요."

"꼼수 ⑨, 어려운 단어나 지식을 늘어놓기."

"물론 그게 꼼수란 건 알아요. 하지만 솔직히 기가 죽어요."

"상대가 모르는 지식이나 역사적 사실을 늘어놓으면 모르는 건 인정해. 그리고 명심해야 할 게 있어. 아주 어렵고 뛰어난 지식이 논리를 타당하게 하는 건 아니야. 꼼수 ⑧, 권위를 이용하기. 왜 사람들이 권위를 이용하고, 어려운 말로 상대를 제압하려 할까? 그건 상대를 기죽이기 위해서야. 논리가 아니라고. 그러니까 기죽지 말고 반박을 해."

살짝 힘이 났다. 그러나 여전히 걱정스러웠다.

“그래도 이해를 해야 뭐라고 반박을 하죠.”

“모르면 인정하고 물어 봐. 우린 낮은 학년이니까 쉬운 말로 설명해달라고. 오히려 집요하게 모르는 내용을 물어봐. 그럼 의외로 상대의 지식이 깊지 못하다는 게 드러날지도 몰라. 심사위원인 선생님들은 학생보다는 지식이 많아. 그러니 어설프게 지식을 활용한 게 드러나면 감점이 되지.”

그런 방법이 있었구나.

“상대가 답을 하다 보면 빈틈이 보이고, 그때 상대의 말을 활용해 상대를 제압하는 법칙 ④를 쓰거나, 상대의 실수 하나로 주장 전체를 부정하는 꼼수 ⑯을 사용해.”

“감사해요. 자신감이 생겼어요.”

“역사와 지식을 잘 활용한다는 건 대부분 귀납법을 잘 쓴다는 얘기야. 귀납법의 가장 큰 약점이 뭔지는 알지?”

“일반화시키는 데 한계가 존재하는 거요.”

“잘아네. 상대가 법칙 ②, 귀납법을 사용하면 너흰 법칙 ③, 연역법으로 맞서. 논리적으로는 귀납법보다 연역법이 훨씬 강력해. 알지?”

“넵!”

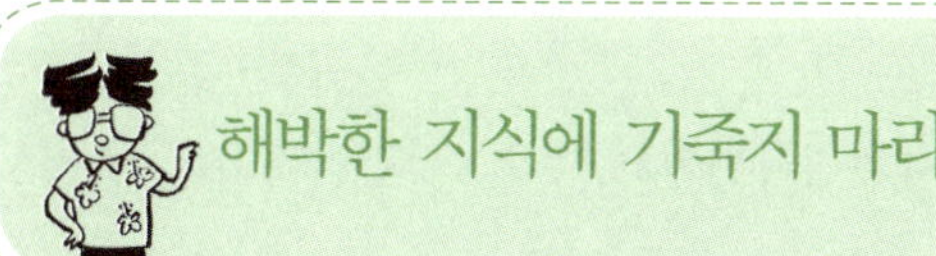

걱정은 하면 안 된다. 확실히 걱정을 하니까 그대로 돼버렸다. 아! 물론 내가 걱정하는 바람에 강팀을 만났다는 말이 논리적으로 맞지 않는다는 건 안다. 하지만 어쩌랴? 추첨 결과 우린 그렇게 피하고 싶던 최강의 적과 맞서야만 했다. 8강전

마지막 대결이었다. 그나마 주제가 역사와 관련 없으면 좋을 텐데 주제도 역사였다. 정말 엎친 데 덮친 격이고, 장마 뒤에 태풍이고, 헤어지고 뺨맞는 격이다.

 역사를 움직인 네 개의 사과 중 역사에 가장 큰 영향을 끼친 사과는?

① 이브의 사과 : 이브의 사과는 인간의 원죄를 뜻한다. 이브의 사과는 인간이 지닌 이기심, 악함, 시기심을 상징한다.

② 파리스의 황금사과 : '가장 아름다운 여신에게'라고 쓴 사과를 불화의 여신이 던지면서 헤라, 아테나, 아프로디테는 미의 제왕 자리를 두고 다툼을 벌였다. 최종 결정을 맡은 파리스가 아프로디테를 선택했고, 결국 트로이 전쟁이 벌어졌다. 파리스의 황금사과는 아름다움을 추구하는 욕심, 경쟁심, 그로 인한 전쟁을 상징한다.

③ 뉴턴의 사과 : 뉴턴은 사과가 떨어지는 것을 보고 만유인력의 힌트를 얻었다. 뉴턴의 사과는 근대과학을 상징한다.

④ 윌리엄 텔의 사과 : 윌리엄 텔은 독재에 맞서 민주주의 국가를 일궈냈다. 윌리엄 텔의 사과는 민주주의를 향한 열망을 상징한다.

"이건 완전 불공평해. 상대는 3학년이고, 우린 1학년인데, 이렇게 역사를 정면으로 다루는 주제라면 우린 배우지도 않은 걸로 토론을 해야 하잖아."

"진짜 너무한다. 왜 이렇게 재수가 없냐."

다음은 의견 추첨이었다. 난 뉴턴의 사과가 걸리길 바랐다. 그나마 논리를 펴기 쉬워 보였다. 그러나 우리가 뽑은 사과는 윌리엄 텔의 사과였다. 반대편은 이브의 사과를 뽑았다. 이건 우리에게 아주 유리하지도 않지만, 크게 불리해 보이지도 않았다. 다만 3학년 선배들이 얼마나 역사적인 이야기를 많이 꺼내서 우리를 공격할까 걱정되기는 했다.

걱정은 나만 하는 게 아니었다. 모두들 하기도 전에 이미 패한 분위기였다. 난 걱정을 털어내고 시우샘에게서 들었던 말을 전했다.

"우린 1학년이야, 어차피 져도 손해볼 건 없잖아. 상대는 3학년이면서 최강의 실력을 갖췄어. 뭐, 질 거라고 생각하면 별 부담도 없잖아. 시원하게, 후회 없이 한 판 붙어나 보자."

내가 애써 신 나게 말하자 분위기가 바뀌었다.

"그래 맞아. 지레 겁먹지 말자. 이기지 못할 상대는 없으니까."

우린 지난번처럼 차근차근 준비를 했다. ①에서 ⑥까지 의견을 나누며 꼼꼼히 준비를 했다. 그러나 솔직히 16강전 상대처럼 완전히 우리들 예상대로 나올지는 미지수였다. 과연 우리가 설정한 대로 상대는 끌려올 것인가? 대기실 문이 열리기 직전, 난 『토론비법서』를 다시 들여다봤다. 법칙 ⑤-4가 눈에 들어왔다.

법칙 ⑤-4, 쟁점이 팽팽하게 맞설 경우, 자신에게 유리한 새로운 쟁점을 만들어 낸다.

직감이었지만 아무래도 이걸 해내느냐, 못해내느냐가 토론의 승부를 가를 듯했다. 심호흡을 했다. 대기실 문이 열리고 우린 같은 자리에 다시 앉았다. 16강전에는 토론 참가자들만 보였는데, 이번엔 그냥 구경하는 학생들도 꽤 눈에 띄었다. 디지털시계에 20분 00초가 나타났다. 토론 시작과 동시에 19:59로 바뀌었다. 58, 57, 56, 왜 이렇게 시간이 신경 쓰이는지 모르겠다.

상대1 성경에 따르면 태초에 하느님은 인간을 하느님의 형상대로 만들었습니다. 하느님의 형상대로 만들었다는 얘기는 단지 겉모습만 닮았다는 뜻이 아니라 아주 순박하고, 착하며, 욕망이 없다는 뜻입니다. 그러나 뱀의 유혹에 빠져 금단의 열매인 사과를 먹는 순간, 인간은 타락을 하게 되고 욕망을 품게 되었습니다. 이기심과 시기심, 온갖 못된 심성을 품게 되었습니다. 그 뒤로 어떤 역사가 펼쳐졌는지 잘 알고 있습니다. 역사에서 인간의 못된 욕망이 얼마나 크나큰 영향을 끼쳤는지는 사례가 너무 많아서 일일이 열거하기 힘들 지경입니다. 단적인 예를 몇 가지만 들겠습니다.

첫째, 고대 유럽을 지배한 로마, 동방 세계를 정복한 알렉산더, 세계 최대의 대제국을 건설한 칭기즈칸, 세계를 지배한 유럽의 식민지 지배까지 모두 사악한 이기심에서 비롯되었습니다. 침략의 역사는 이기심의 역사입니다. 둘째, 자연을 정복하고 자연을 파괴한 인간의 행위도 이기심과 욕망 때문입니다. 인간만 잘살면 된다는 극히 이기적인 욕망이 자연을 파괴하는 잘못을 저지르게 하였습니다. 토론에서는 안 다루지만 결국 뉴턴의 사과, 즉 과학발전의 역사도 이기심과 욕망에서 비롯된 것입니다. 파리스의 황금사과도 아름다움을 인정받고자 하는 욕망 때문이었습니다. 지금 이 시간에 펼쳐지는 세계 곳곳의 역사에서도 마찬가집니다. 이기심과 욕망을 빼놓고 인간의 역사를 설명하기는 불가능합니다. 따라서 역사에 가장 큰 영향을 끼친 사과는 이브의 사과입니다.

남은 시간은 17분 35초. 무려 2분이 넘는 시간 동안 짜임새 있는 발표를 들어야 했다. 반대편으로 마주하고 보니 관중석에서 듣던 것보다 더 대단했다. 그러나 기죽지는 않는다. 어차피 우린 져도 손해볼 게 없기 때문이다.

법칙 ⑤, 유리한 논쟁의 틀이 지닌 힘

우리들은 해박한 지식까지는 예상하지 못했지만, 어떤 논리를 중심으로 펼지는 이미 충분히 예상했다. 그리고 상대편은 그 예상대로 논리를 전개했다. 상대는 법칙 ②, 귀납법을 줄기차게 사용했다. 예상했던 바다.

이런 상대의 논리에 우리들은 법칙 ③으로 맞서기로 했다. 그리고 예상해보건대 이번 토론의 성공과 패배는 법칙 ⑤를 얼마나 잘 활용하느냐에 달렸다. 그래서 토론 첫 발언 때 연역법을 활용해 우리에게 유리한 논쟁의 틀을 만드는 데 중심을 두기로 했다. 그 역할은 지인이가 맡았다.

지인 다양한 근거를 활용해 역사에서 이브의 사과가 더 큰 영향을 끼쳤다고 주장하는 상대편 토론자의 발표는 잘 들었습니다. 얼핏 들으면 이브의 사과, 즉 사악한 욕망이 역사에 가장 큰 영향을 끼친 듯 보입니다. 겉으로 보기에는 그렇습니다. 그러나 인간은 사악한 욕망만 지니고 있지는 않습니다. 인간은 사악한 성격도 존재하지만, 건강한 성격도 존재합니다. 따라서 사악함이 영향을 끼치기도 하고, 건강한 성격이 영향을 끼치기도 합니다. 인간의 사악한 마음과 건강한 마음, 어느 것이 더 큰 영향을 끼쳤을까요? 바로 이것이 우리가 이번에 토론해야 할 쟁점이라고 봅니다.

지인이는 우리가 계획했던 대로 멋지게 기본 의견 발표를 잘했다. 지인이가 사용한 논리, 법칙 ③은 다음과 같다.

대전제 인간의 본성은 역사에 영향을 끼친다.

지인이는 연역법을 통해 법칙 ⑤, 논쟁의 틀을 만들었다.

논쟁의 틀 : 인간의 사악함 vs 인간의 건강함

우린 이 논쟁의 틀이 우리에게 유리하다고 보았다. 건강함이 사악함을 이기리라 믿었다. 물론 상대를 만만히 보지는 않았다. 이렇게 논쟁의 틀을 마련해야 역사적인 사실이나 지식을 활용하는 상대의 공격을 사전에 차단할 수 있다고 보았기 때문이다. 그리고 우리의 작전은 어느 정도 맞아 떨어졌다. 우린 역사에 약하다. 약한 고리를 상대가 공격하지 못하게 하려면 우리가 장점을 발휘할 만한 논쟁의 틀을 마련해야 한다. '사악함 vs 건강함'은 강한 토론자들에게 맞설 수 있는 좋은 논쟁의 틀이었다.

"멋진 기본 의견 발표였습니다. 3학년 vs 1학년, 거기다 우리 학교 최고의 실력파들인 3학년으로 구성된 팀이라 처음엔 해보나마나 한 게임이겠구나 생각했어요. 그런데 기본 의견 발표를 들어보니 꼭 그렇지도 않겠네요. 기대가 됩니다. 자, 이제부터 멋진 토론을 기대합니다. 16강전을 치뤘으니까 토론 규칙은 잘 알겠죠. 그리고 미리 당부하는데 학년이 높다고 위압적으로 하거나, 학년이 낮다고 위축되지는 마세요. 여긴 토론장이고, 토론장에서는 모두가 평등합니다."

진행자 선생님의 말씀이 우리에게 용기를 주었다. 우리는 당당하게 상대편을 봤다. 우린 최고의 선생님에게 『토론비법서』를 전수받았다. 그건 우리만이 지닌 장점이다. 솔직히 16강전에서는 우리 능력을 제대로 발휘할 기회조차 없었다. 막강한 적을 만났다. 이번에야말로 『토론비법서』를 익힌 힘을 발휘할 때다. 난 은근히 승부욕이 불타올랐다.

상대 2 사악한 마음과 건강한 마음 중에서 누가 더 역사에 더 큰 영향을 끼쳤을
까? 훌륭한 논쟁 주제입니다. 당연히 사악한 마음이 역사에 더 큰 영향을
끼쳤습니다. 역사에서 벌어진 중요한 사건들을 보십시오. 인간의 사악한
마음이 들어가지 않은 경우가 존재하나요? 없습니다. 모든 사건엔 인간의
사악한 마음이 그 원동력이었습니다.

상대편이 '모든'이란 단어를 썼다. 이건 기회다. 법칙 ①, 남보다 내가 우월하
게 보이게 하려면 '모든'이란 단어를 피하라고 했다. 역사나 사회에서는 늘 예외
가 존재한다는 말을 난 분명히 기억한다. 당신, 실수한 거야! 크크크.

지원 모든 사건엔 인간의 사악한 마음이 원동력이라고 했습니다. 그럼 우리나
라 선조들이 일제시대 때 했던 3.1운동도 사악한 마음이 원동력입니까?

이 말을 듣는 상대편 표정을 보여주고 싶다. 당황한 기색이 뚜렷했다.

상대 2 '모든'이라고 한 말은 취소합니다. 실수였습니다.

고집을 부릴 줄 알았다. 그럼 집요하게 그걸 공격하면 될 테니까. 그러나 상대
편은 그러지 않았다. 역시 상대편은 만만치 않은 상대였다. 이런 대회에서 자신들
의 실수를 인정하기는 쉽지 않은데, 너무나 쉽게 인정해 버리니 맥이 빠졌다.

상대 4 3.1운동을 예로 드셨는데요. 사실 따지고 보면 3.1운동은 일제가 우리나
라를 무력으로 지배하고, 강력한 헌병통치체제를 통해 무단정치를 펼쳤기
때문에 일어났습니다. 그들은 조선을 그들의 산업생산과 침략의 교두보로
활용하기 위해 조선을 철저히 지배해야 했고, 조선을 잔인하게 유린했습

니다. 3.1운동은 그 반발로 나온 것입니다. 따라서 3.1운동을 궁극적으로 유발하게 한 원인은 바로 일제의 강제지배, 즉 인간의 사악한 마음에서 출발했다고 봐야 합니다.

와우, 이런! 헌병통치체제, 무단정치, 침략의 교두보, 유린…, 말이 너무 어렵다. 이건 걱정했던 바다. 이해가 잘 안 된다. 꼼수 ⑨, 어려운 단어나 지식으로 상대를 기죽이는 방법이다. 우린 이미 이걸 어떻게 대처할지 준비를 했다.

석규 방금하신 말이 잘 이해가 안 가서 그러는데, 헌병통치체제를 통한 무단정치가 어떤 내용입니까?

상대 4 일제가 헌병을 앞세워 조선을 강력하게 통치하고, 우리 민족을 잔인하게 억압한 걸 말합니다.

석규 그러니까 그게 독재랑 비슷한 건가요?

상대 4 독재보다 훨씬 심합니다. 전체주의에 가깝다고 봐야 합니다.

석규 전체주의가 무엇입니까?

상대 4 여긴 역사 수업을 받는 교실이 아닙니다. 역사 공부 좀 하시죠.

관중석에서 웃음이 터져 나왔다.

"상대는 1학년입니다. 역사지식이 부족한 건 어느 정도 고려해서 발표를 해주세요. 그리고 상대를 그렇게 낮춰보는 행위는 옳지 않습니다."

사회를 보시던 선생님이 상대편에 주의를 주었다. 반말이 아니라 존댓말을 사용하시는 게 인상적이었다. 석규는 자신감을 잃지 않고 계속 물었다. 허점을 발견하기 위해서다.

석규 전체주의가 뭔지 설명해주시겠습니까?

상대 4 전체주의는 히틀러나 무솔리니가 독일과 이탈리아를 통치하던 방식을 말합니다.

석규 그 방식이 어땠는데요?

상대 4 국민의 자유를 억압하고, 비밀경찰로 국민들을 감시하며, 일당 독재를 하고, 군대를 동원해 전쟁을 일으키는 등의 행위를 했습니다.

고운이가 연필을 탁 놨다. 틈을 발견한 모양이다.

고운 제가 알기로 독일은 제2차 세계대전을 일으킨 뒤에 미국에 져서 패망했습니다.

상대 4 소련과 미국, 영국을 포함한 연합국이었습니다.

고운 아무튼, 그런데 그때까지 독일 국민들은 히틀러를 그냥 따랐다는 말 아닙니까?

상대 4 그렇죠. 백장미단과 같이 저항하는 사람도 있었지만 대다수는 침묵했습니다. 자신들의 사악한 이기심, 불이익을 받고 싶어 하지 않는 비겁함 때문이죠. 여기서도 역시 이브의 사과가 작동합니다.

고운 그건 맞습니다. 그런데 같은 상황에서 우리나라 선조들은 3.1운동을 일으켰습니다. 반면에 독일 국민들은 가만히 있었습니다. 조금 전에 일제의 헌병통치? 맞나? 아무튼 그게 3.1운동의 원인이라고 했는데, 똑같은 상황인 독일 국민이 안 일어난 걸 보면 그걸 원인이라고 하기는 어렵습니다.

아! 그렇구나. 난 고운이를 돕기 위해 말하려 했다. 그러나 한발 앞서 석규가 나섰다.

석규 초등학교 때 저희 반에서 일진이 아이들을 괴롭혔습니다. 그때 대부분은 가만히 따랐습니다. 그러나 제 친한 친구 한 명이 정의감에 불타 맞섰고, 저도 거기에 참여해서 결국 일진을 이겼습니다. 이처럼 3.1운동은 사악함이 궁극적인 원인이 아니라 인간의 건강한 생각이 궁극의 원인입니다.

석규가 멋진 논리를 댔다. 자신이 한 경험을 근거로 논리를 전개시켰다. 이건 법칙 ②이기도 하면서, 동시에 비슷한 상황이나 조건을 근거로 논리를 전개하는 법칙 ⑥, 유추이기도 하다. 멋진 논리였다. 우리가 살짝 주도한다는 느낌이 들었다. 이대로만 가면 된다.

주도권을 잡기 위한 팽팽한 신경전

"작전타임을 신청합니다."
"좋습니다. 1분 드립니다. 반대편은 서로 의논할 수 없습니다."
자신들이 불리하다는 걸 깨달은 모양이다. 우린 약간 긴장 속에 이어질 토론을 기다렸다.

상대 1 역사에서 인간의 건강함이 영향을 끼친 점 인정합니다. 그리고 인간의 사악함도 영향을 끼쳤습니다.

웬일로 우리 의견을 인정하지? 살짝 불안했다. 발표는 계속 이어졌다.

상대 1 결국 어느 쪽이 더 많은 영향을 끼쳤느냐가 쟁점입니다. 어떤 인간성이 더 많은 영향을 끼쳤느냐? 이걸 따져야 합니다.

논쟁의 틀이 비슷하면서도 살짝 바뀌었다. 어느 쪽이 더 많은 영향을 끼쳤느냐는 식으로 토론을 하면 상대편이 유리하다. 우린 역사를 잘 모르고, 상대편은 역사를 너무 잘 안다. 상대편이 수많은 사례를 들어 공격을 하면 우린 대응책이 별로 없다.

지인 그걸 모두 따지려면 한도 끝도 없습니다.

상대 2 물론 그렇습니다. 누가 더 큰 영향을 끼쳤느냐를 따지기 위해 역사 전체를 살피고, 통계를 낼 수는 없으니까요. 현실적으로 가능한 방법은 과연 우리 인간이 현실 사회에서 착한 마음으로 더 많은 행동을 하는지, 자기 이기심으로 더 많은 행동을 하는지 살펴보는 것입니다. 사람의 본성이 옛날과 지금이 크게 다르지 않다고 볼 때 이 방법이 가장 타당합니다.

상대 3 현실 사회를 보면 따뜻한 미담은 적고, 이기적인 인간은 훨씬 많습니다. 우리 주위를 봐도 남을 돕는 사람보다, 자기 좋은 일을 하려고 하는 사람이 훨씬 많습니다.

고운 하지만 남을 돕고 건강한 사회를 만들기 위해 노력하는 사람도 많습니다.

상대 4 그러나 이기적으로 자기만 생각하는 사람이 훨씬 많죠.

이건 불리하다. 이런 식으로 논쟁하면 무조건 밀린다. 이건 우리에게 절대적으로 안 좋은 논쟁의 틀이다.

"작전타임을 신청합니다."

이번엔 우리가 작전타임을 신청했다.

"좋습니다. 1분 드립니다. 반대편은 서로 의논할 수 없습니다."

우리는 한데 모여 작은 소리로 급하게 의논을 했다.

“이대로 가면 안 돼.”

“야! 어떻게 해?”

“뭐, 대책 없어?”

“저쪽 말이 맞잖아.”

“그럼 인정하고 질 거야?”

그때 고운이가 연필을 책상에 탁 내리쳤다. 아마, 무언가 생각이 날 때면 하는 습관인가 보다. 조금 전에도 그랬는데…….

“꼼수를 쓰자.”

“꼼수? 어떤 꼼수?”

“저쪽은 지금 숫자는 쓰지 않았지만 통계를 사용했어. 전에 우리 토론했던 거 기억나지?”

“아! 그렇구나. 알았어. 나한테 다른 꼼수도 생각났어. 내가 해볼게.”

그때 작전타임 중지를 알리는 선생님의 목소리가 들렸다.

“작전타임 끝났습니다. 다시 토론 시작입니다. 시간이 얼마 남지 않았으므로 서로 시간 관리를 잘하시기 바랍니다.”

석규   지금 상대편 토론자께서는 대다수 사람들이 행동을 할 때 이기심과 같은 사악한 마음으로 한다고 했습니다. 그러면 상대편 토론자도 평상시에 주로 사악한 마음으로 많이 행동하시나요?

상대   (잠시 대답이 없다.)

석규   침묵은 그렇지 않다는 뜻으로 받아들이겠습니다.

멋진 꼼수다. 짜식, 가끔 질투가 나기도 하지만 정말 말발 하나는 끝내준다니까.

석규   우린 평상시에 행동할 때 이기심을 많이 쓰기도 하지만, 착한 행동을 하려고 많이 노력하기도 합니다. 상대편 토론자도 마찬가지라고 믿습니다. 아무리 나쁜 짓을 하는 사람도 본 마음에 착한 구석은 있기 마련입니다.

상대 1 사람들 마음에 착한 구석이 있다는 지적에 동의합니다.

이래서 상대편이 강적이다. 보통은 이렇게 굽히지 않는데 의견이 한계에 부딪치면 재빨리 받아들이고 자신들에게 유리한 논리로 넘어간다. 이럴 땐 고집을 부려주는 게 더 공격하기 편한데, 공격할 초점을 없애버리니 과녁을 잃은 화살이 된 느낌이다.

상대 1 지금 우리가 하는 토론의 주제를 다시 돌아봐야 합니다. 우린 이브의 사과와 윌리엄 텔의 사과 중에서 무엇이 더 역사에 큰 영향을 끼쳤는지를 살펴야 합니다. 이브의 사과는 아주 오랜 옛날, 성경대로라면 태초부터 영향을 끼쳤습니다. 반면에 윌리엄 텔의 사과는 지금부터 300~400년전 쯤 스위스 지방에서 전해지는 전설입니다. 결국 시기적으로 보면 이브의 사과가 훨씬 오랫동안, 계속해서 영향을 끼쳤습니다. 윌리엄 텔의 사과는 이브의 사과에 비하면 극히 짧은 시간에만 영향을 끼쳤을 뿐입니다.

으음, 내 입에선 신음 소리가 새 나왔다. 상대는 다시 자신들의 장점으로 돌아가 버렸다. 상대편은 역사를 잘 안다. 우린 역사를 모른다. 저 논리에 반박하려면 우리도 역사를 인용해 반박해야 한다. 그래야 가장 효과적이다. 그러나 우린 그럴 만한 지식이 없다. 초등학교 때 역사 공부를 하지 않은 게 후회가 되었다. 제대로 배웠다면 이때 멋지게 써먹을 텐데. 정말 아쉬웠다. 토론 대회가 끝나면 역사 공부를 제대로 해야겠다고 결심했다. 아, 수학도 재밌고, 논리학도 재밌고, 이젠 역사까지 내 흥미를 끈다. 토론 대회 때문에 그동안 관심 없던 과목에 흥미가 생기다니, 스스로 생각해도 놀랍다.

그나저나 우린 위기다. 저 논리에 정면으로 맞서는 건 어렵다. 토론 시간도 얼마 남지 않았다.

"작전타임을 신청합니다."

또다시 우리 쪽이 작전타임을 신청했다.

"1분 드립니다. 마찬가지로 반대편은 서로 의논할 수 없습니다."

우린 다시 모여 의논했다.

"어떻게 하지? 저쪽이 다시 역사를 들먹이기 시작했어."

"저걸 그대로 맞받아치면 불리해."

그때 내게 법칙 ⑤-2와 꼼수 ⑮가 생각났다.

"우리의 장점은 유지하고 상대의 약점은 집요하게 공격하라! 상대의 약점만 파고들고, 강점은 일부러 무시하라! 내가 보기에 지금은 그 방법밖에 없어. 일부러 무시하자. 그리고 우리 쪽 논리만 강하게 밀고 나가자."

"작전타임이 끝났습니다."

고운 　지금도 많은 사람들이 민주주의를 위해 노력합니다. 그런 노력이 우리를 이만큼 살게 했습니다.

상대 1 　그거야 인정합니다. 하지만 사람들이 왜 그렇게 민주주의를 위해 피를 흘리고 노력해야 할까요? 왜 아랍에선 수십 년의 독재가 펼쳐지고, 수많은 사람들이 죽어가면서까지 민주주의를 위해 투쟁해야 할까요? 그건 바로 사악한 욕망으로 독재를 추구하는 사람들이 있기 때문입니다. 그리고 역사에서는 그런 독재자, 탐욕스런 귀족들이 역사를 망쳐왔습니다. 또한 강대

국이 약소국을 공격하며 역사의 방향을 결정하고, 지금도 세계를 지배합니다. 이로 볼 때 사악함이 역사에 더 큰 영향을 끼친다는 게 확실합니다.

도대체 어떻게 하면 저렇게 말을 잘할까? 난 머리를 절레절레 흔들었다. 넘기 힘든 성벽 같았다.

지인　아랍 사람들이 나서서 투쟁하니까 좋아진 거 아니겠습니까?

상대 3　모든 사람이 투쟁에 나서나요? 그렇지 않습니다. 아직도 많은 사람들은 그저 자기 이익을 위해 방관하기만 합니다. 그런 사람들이 여전히 많고, 그들이 역사에 훨씬 많은 영향을 끼칩니다.

석규　세상이 바뀐 건 건강한 노력 때문입니다.

상대 4　자연을 파괴하는 인간의 욕심을 보십시오. 지구온난화가 괜히 일어난 게 아닙니다. 그것만 봐도 인간의 사악함, 즉 이브의 사과가 세상에 얼마나 많은 영향을 끼쳤는지 분명하게 드러납니다.

"방금 발표로 시간이 다 됐습니다."

시계를 봤다. 상대편은 0초였다. 우리에겐 55초가 남았다. 마지막 기회였다. 이대로 끝나면 이기기 어려웠다. 마지막에 너무 밀렸다. 상대팀의 얼굴 표정은 전부 환했다. 승리를 확신하는 분위기였다.

난 토론 도중에 전혀 도움을 주지 못했다. 어떻게 해서든 도움을 주고 싶었다. 마지막에 밀린 상황, 이 상황을 뒤바꿀 방법은 내 예상대로 법칙 ⑤-4뿐이다. 그러나 무엇을 어떻게 해야 하는가? 그때 '세상이 바뀐 건 건강한 노력 때문입니다'란 석규의 말이 '쿵' 하고 가슴을 울렸다. 바로 그거다. 토론 중간부터 계속 찾으려 했지만 찾지 못했던 법칙 ⑤-4! 그게 무엇인지 떠올랐다.

내가 연필로 책상을 탁 쳤다. (솔직히 고운이 흉내를 냈다.) 시선이 내게 쏠렸다. 심호흡을 하고 말을 꺼냈다. 1분 이내로 말해야 한다. 짧고 분명하게 내 생각을 전달해야 한다.

> **지원** 이브의 사과는 자기만 잘나려는 욕망입니다. 반면에 윌리엄 텔의 사과는 모두가 잘 살자는 나눔의 정신입니다.

일단 난 대립의 틀을 분명하게 세웠다.

> **지원** 물론 둘 다 많은 영향을 끼쳤습니다. 그러나 우리가 여기서 생각해야 할 문제는 무엇이 역사를 건강하게 발전시키느냐는 것입니다. 겉으로 드러난 이 토론의 주제는 '무엇이 역사에 더 큰 영향을 끼쳤느냐?'지만, 정말 중요한 건 '역사를 건강하게 발전시키는 힘은 무엇인가?'입니다.

나는 여기에서 문제 자체를 다른 시각으로 보게 만들었다. 와우, 내가 생각하기에도 멋지다. 이거야말로 '생각의 전환'이다.

> **지원** 윌리엄 텔의 사과는 인간을 행복하게 했습니다. 반면에 이브의 사과는 인간을 악의 구렁텅이로 밀어 넣었습니다. 무엇이 인간에게 유익함을 주었나요? 무엇이 우리가 적극 권장해야 할 사과일까요? 답은 명확합니다. 우린 이기심을 버리고 서로 존중하고, 인간다운 삶을 사는 윌리엄 텔의 사과를 선택해야 합니다. 그게 이 토론을 통해 우리가 배워야 할 교훈입니다.

"토론 시간이 끝났습니다. 토론자들은 심사위원들께서 심사결과를 집계하는 동안 잠시 기다려주시기 바랍니다."
기다리는데 석규가 귓속말을 했다.

"야, 너 어떻게 이렇게 멋진 생각을 했냐?"

"박지원! 멋졌어."

지인이도 내가 엄지를 치켜세웠다. 고운이는 별 반응 없이 긴장한 채 심사위원들만 바라보았다. 생각보다 심사위원들이 의견을 모으는 시간이 오래 걸렸다. 다른 대결은 금방 판정이 내려졌는데…….

"심사위원들이 심사하는 데 조금 시간이 걸리는군요. 아마 치열하게 토론이 전개된 탓이겠죠. 아! 결과가 나왔군요. 뭐라고요? 아, 네. 심사위원장님께서 직접 판정 결과를 설명하시겠답니다."

심사위원석 가운데 앉았던 분이 나오셨다.

"전, 이 학교 선생님은 아닙니다. 교감선생님께서 이번 토론 대회 심사를 맡아 달라고 부탁을 하셔서 왔습니다. 지금 이 토론을 보면서 저는 많이 놀랐습니다. 사실 시작하기 전엔 일방적으로 싱겁게 끝날 거라고 봤습니다. 지식이나 논리나 모든 면에서 이브의 사과 쪽이 실력이 뛰어났으니까요. 확실히 윌리엄 텔의 사과 쪽은 역사적인 지식이 많이 부족했습니다. 그럼에도 훌륭한 토론이 되었던 건 자신들의 약점을 숨기고, 자신들이 잘하는 쪽으로 토론을 이끌었기 때문입니다. 이 점이 매우 인상적이었습니다. 반면에 이브의 사과 측은 처음부터 자신들의 장점을 살리는 논쟁의 틀을 유지하지 못했고, 자꾸 상대편에 휘말렸습니다. 마지막에 돼서야 자기들의 장점을 발휘해서 주도권을 다시 잡았습니다. 솔직히 여기까지였다면 제가 앞에 나서서 말을 하지 않을 생각이었습니다."

가슴이 두근거렸다. 아무래도, 아무래도……. 김칫국을 미리 마시면 안 된다. 기다리자. 기다리자.

"윌리엄 텔 팀의 마지막 발언자가 논점을 전혀 다른 방향으로 비틀어 버린 게 놀라웠습니다. 이것 때문에 선생님들과 의견을 조금 길게 나눴습니다. 물론 마지막 토론자가 제시한 논점이 토론 주제와는 조금 다릅니다. 그러나 주제를 제시했던 사람조차 예상하지 못한 논점을 이끌어 낸 점이 놀라웠습니다. 우리가 토론하는 목적은 단지 이기기 위함이 아닙니다. 사회와 삶이 건강하게 발전하는 데 무엇이 도움이 되는가를 찾기 위함입니다."

확실하다. 앗싸……!

"그런 면에서 윌리엄 텔의 마지막 토론자가 보여준 의견은 정말 뛰어난 발상의 전환이었습니다. 승리는……:"

당연히!

"윌리엄 텔의 사과입니다."

우린 서로 손을 꼭 잡았다. 손끝으로 승리의 흥분이 생생하게 전해왔다. 내 심장은 이러다 터져버리는 게 아닌가 싶을 정도였다. 우린 승리의 환호성을 지르고 싶었지만 선생님들과 선배들 눈치를 보느라 꾹 참았다.

"아주 멋진 토론이었어."

사회를 보신 선생님이 말씀하셨다. 그때,

상대팀에서 가장 토론을 잘했던 선배가 일어나며 박수를 쳤다.

"정말 훌륭한 토론자였어. 우리가 너희를 너무 만만히 보고 소홀히 준비했어. 승리를 축하해. 난 3학년 5반 곽진석이야. 나중에 찾아와. 내가 밥 한 끼 살게."

곽진석! 늘 전교 1등을 놓치지 않는다는 바로 그 형이잖아! 어쩐지 지나치게 말을 잘하더라.

"나도 축하해. 난 3학년 10반 김진애야. 나한테도 한번 와. 나도 맛있는 거 사 줄 테니까. 오늘 너희들 진짜 잘하더라."

김진애? 글쓰기 대회만 하면 늘 1등하고, 무슨 장관상까지 받아서 현수막이 걸렸던 바로 그 선배다. 도대체 우리가 상대한 토론자들이 이렇게 대단한 선배들이었을 줄이야!

그때 시우샘 말이 떠올랐다.

"이기지 못할 상대는 없어!"

03

꼼수와 법칙의 경계를 깬, 새로운 '토론 비법'

　8강전이 끝난 다음 날, 학교에는 우리 소문이 쫙 퍼졌다. 당연하다. 3학년의 기라성 같은 선배들을 물리치고 승리를 거머쥐었으니 다들 놀랄 수밖에……. 나중에 곽진석 선배와 김진애 선배가 대단하다고 치켜세우고, 맛있는 거 사주겠다고 약속했다는 이야기까지 보태지면서 우린 거의 영웅 취급을 받았다. 다른 두 토론자도 곽진석, 김진애 선배보다는 덜 유명했지만 대단한 선배들이었다. 그러니 가는 곳마다 선후배들이 알아보고 말을 거는 통에 정말 정신이 없었다. 선생님들도 수업에 들어오면 이름을 부르고 얼굴을 확인했다.

　정말 꿈 같은 이틀이었다. 금요일 밤, 시우샘에게서 전화가 왔다.

　"축하해. 대단한 상대를 이겼다면서?"

　난 우리가 이긴 상대가 누군지 자세히 설명하며 자랑을 늘어놓았다. 시우샘은 흥겹게 맞장구를 치며 즐거워하셨다. 그러다가…….

　"자만심은 그 어떤 승부든 최고의 적이야."

　갑자기 무게가 확 느껴졌다.

　"지금 다른 애들과도 통화했는데 다들 너무 들떠 있어. 자만한다는 뜻이지. 너희들은 아직 두 번의 대결이 남았어. 우승한 게 아니야. 4강까지 진출한 팀이라면 8강에서 맞선 팀 못지않게 실력을 갖추었을 거야."

맞는 말이다. 풀어졌던 긴장의 볼트가 다시 조여졌다.

"이기지 못할 상대는 없다는 말, 그 말은 너희에게도 해당돼. 상대도 너흴 이길 가능성은 충분해."

"네. 명심할게요."

"승리의 기쁨은 충분히 누려라. 그리고 철저히 준비해서 대결하도록! 힘!"

시우샘과 통화하고 난 뒤 다시 『토론비법서』를 꺼내서 하나씩 읽었다. 그리고 시우샘의 설명, 토론 경험 등을 떠올렸다. 토론 대회에서 어떻게 토론했는지도 다시 생각해봤다. 승리를 위해선 긴장의 끈을 늦춰선 안 된다.

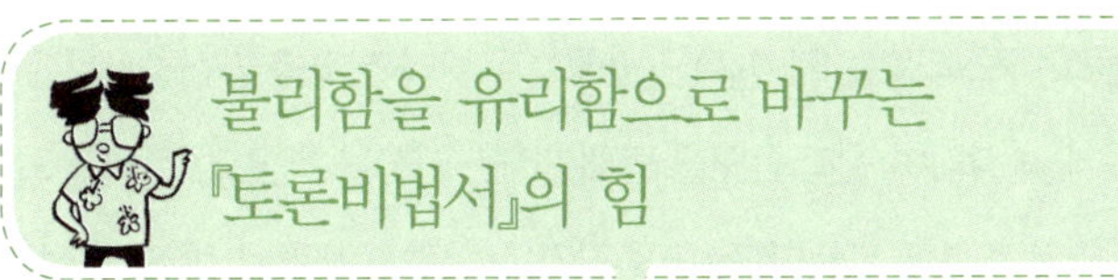

토요일 오후, 학교 강당! 다시 토론 대회가 열렸다. 이번엔 4강전이다. 여기서 이기면 결승이다. 상대는 2학년이었다. 모두 여학생이었다. 강당에는 제법 많은 학생들이 모였다. 우리가 최강의 팀을 꺾으면서 대회가 소문이 많이 났고, 수업이 없는 토요일인데도 꽤 많은 학생들이 구경하려고 모여들었다.

"자! 우리 토론을 즐기자."

지인이가 밝은 미소로 우리에게 힘을 주었다.

"그래! 우린 이미 큰 성과를 냈어. 4강만 해도 제법 상금이 되고……. 그러니 마음 편하게 토론을 즐기자."

고운이도 웃으며 말했다.

"그래도 결승은 가야지."

"당연하지. 즐겁게 토론하고, 승리하자고."

우린 모두 활짝 웃었다.

우린 웃으며 추첨을 했다. 그러나 추첨을 통해 결정된 토론 주제를 보고는 살짝 긴장했다. 쉽지 않은 주제였다. 추첨을 통해 우리는 찬성, 상대편은 반대로 의견이 정해졌다.

[4강전 토론 주제] 완전한 은둔자의 삶은 가치 있는 삶인가?

베르나르 베르베르가 쓴 『나무』에 나오는 완전한 은둔자 얘기는 다음과 같다. 구스타브라는 의사는 어릴 적 아버지에게 "네 안에 모든 것이 들어 있다"는 말을 듣는다. 이 말을 듣고 구스타브는 자기 자신 안에서 우주의 진리를 발견하기 위해 애쓴다. 그러다 육체적 감각이 진리 탐구를 방해한다는 사실을 깨닫고, 신체와 뇌를 분리하여 뇌만 영양액 속에 넣는다. 육체적 감각은 완전히 제거된 채 오직 정신적인 탐구만을 계속한다. 물론 자신이 얻은 정신적 탐구의 성과를 밖에 알리지는 못한다. 여러 대에 걸쳐서 구스타브는 끊임없이 정신적 탐구를 계속한다. 일반 사람들은 접근조차 해보지 못한 높은 수준의 깨달음을 얻는다. 그러다 아주 오랜 시간이 흐른 뒤 어린 후손이 구스타브의 뇌로 장난을 치다가 쓰레기통에 던져 버렸고, 죽음의 위기를 맞는다. 죽음의 위기 직전에 구스타브는 우주에 담긴 궁극의 진리를 깨닫는다. 그러면서 다가오는 자신의 죽음도 기꺼이 맞이한다. 구스타브의 뇌는 쓰레기통에 버려졌다가 개의 먹이가 되고 만다.

대기실에 앉아 우리는 차분히 토론을 준비했다. 이미 두 번이나 했기 때문에 주제가 어렵기는 했지만, 준비는 어렵지 않았다. 우린 토론 준비 6단계를 하나씩 밟아 나갔다. 토론의 핵심 쟁점을 담은 어휘는 '가치'다. 가치 있는 삶인지, 없는 삶인지 판단하라고 했는데, 가치를 어떻게 보느냐에 따라 완전히 달라진다.

구스타브는 완전히 고립된 채 홀로 정신적 탐구를 했다. 개인적인 가치를 끝까지 추구했다. 구스타브의 삶은 사회적인 가치가 전혀 없었다. 결국 오직 개인적인 가치만을 추구하고, 사회적인 가치는 전혀 없는 구스타브의 삶을 어떻게 봐야 하는지가 토론의 핵심이다.

개인적인 가치 vs 사회적인 가치!

이게 이 토론의 쟁점이다. 우린 극단적으로 개인적인 가치를 선택한 구스타브의 선택을 적극 지지해야 한다. 어떻게, 어떤 논리로……? 왜 항상 의견이 내 진짜 생각이랑 반대만 걸리는 걸까? 참 재수도 없지.

석규 구스타브의 삶이 가치가 있는가? 여기서 핵심은 가치입니다. 가치란 무엇인가요? 가치란 자기 스스로 자신이 좋다고 생각하는 것, 의미 있다고 생각하는 것입니다. 물론 다른 사람의 눈으로 보면 구스타브의 삶은 이상해 보입니다. 그러나 구스타브 자신에겐 가장 가치 있는 삶이었습니다. 자기 삶의 가치는 궁극적으로 자기 개인이 스스로 판단해야 합니다. 구스타브는 마지막 순간에 자기 삶에 매우 만족했습니다. 죽음조차 기꺼이 받아들였습니다. 이 정도면 아주 가치 있는 삶이라고 해야 합니다.

상대 1 가치란 세상에 도움이 되는 것입니다. 뭘 하든지 세상에 필요하고, 도움을 주지 않는다면 가치가 없습니다. 물론 궁극의 경지에 도달한 것은 멋진 일입니다. 그런데 그렇게 혼자 도달해서 세상에 무슨 도움이 되었나요? 세상에 아무런 도움도 되지 않고, 주위 사람들에게 표현도 못하는 깨달음이라면 그건 하나마나 합니다. 가치란 세상에 쓸모가 있느냐, 없느냐의 문제입

니다. 결국 구스타브는 자기 혼자 만족하고, 자기만 좋다가 죽었습니다. 정
말 쓸모없는 삶이었습니다.

지인 상대편 토론자께선 가치를 세상에 도움이 되는 것, 세상에 쓸모 있는 것이
라고 하셨습니다. 세상에 쓸모 있는 게 가치 있다는 점은 인정합니다.

그리고, 상대편이 마치 이기는 듯한 표정을 짓는 게 보였다. 성급한 축배다. 법
칙 ⑦, 상대의 장점을 인정하라. 그리고 그걸 뛰어넘어라!

지인 그리고 가치란 여러 가집니다. 세상에 도움이 되는 것만 가치 있는 걸까
요? 아닙니다. 세상엔 다양한 가치가 있습니다. 세상엔 전혀 도움이 되지
않더라도 가치 있는 건 많습니다.

상대 2 구스타브는 혼자만 살았습니다. 혼자 깨달았습니다. 도대체 그게 뭔 소용
이 있습니까? 쓸모가 없으면 가치가 없습니다. 쓸모가 있을 때 가치가 생
깁니다.

지인 그러니까 지금 상대편 토론자들의 주장을 정리하면 다음과 같습니다. 쓸
모가 있을 때 가치가 있다. 그런데 그 쓸모란 세상에 도움이 될 때만 가치
가 있다. 그럼 이건 어떻습니까? 자신에게만 쓸모가 있고, 사회엔 쓸모가
없는 것, 그건 가치 없는 일인가요? 가치 있는 일인가요?

법칙 ④, 상대편 논리로 상대편을 공격하기! 아주 멋지다. 당하는 사람 처지에
서는 자기 논리에 자기가 당할 때가 가장 싫다. 차라리 상대편의 뛰어난 논리에
순수하게 당하는 편이 훨씬 낫다.

상대 3 중요한 건 다른 사람에게 도움이 되느냐, 세상에 쓸모가 있느냐의 문제입
니다.

석규 조금 전에 말씀하셨던 논리와 다르네요. 분명히 쓸모가 있을 때 가치가 생

긴다고 하셨습니다. 그러니까 자기 자신에게만 쓸모가 있다면 가치 있다

고 봐야 한다고 상대편 토론자께서 인정하시지 않았습니까?

꼼수 ⑯, 상대의 실수를 집요하게 물고 늘어진다. 물론 이건 법칙 ⑤이기도 하다. 꼼수와 법칙의 경계, 그렇지만 이건 내가 보기엔 법칙에 가깝다.

상대 2 그건 인정이 아니라 쓸모가 중요하단 얘깁니다.

지인 여기선 그게 핵심 주제입니다. 쓸모가 중요하다는 얘기는 그게 사회에서

쓸모가 있든, 개인에게 쓸모가 있든 다 가치 있다는 말입니다. 그러니까 상

대편 토론자께서 저희 주장이 타당하다고 인정하신 셈입니다.

꼼수 ⑰, 일부 인정한 것을 모두 인정했다고 간주하기! 법칙 ④도 집요하게 사용하는 중이다. 이렇게 몰아붙이면 대부분 상대는 멘붕에 빠진다.

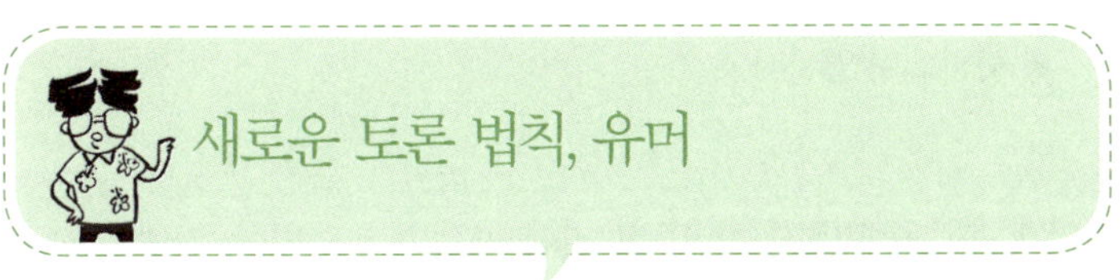

"작전타임 신청합니다."

그럴 줄 알았다. 이런 상태로 토론을 계속하진 못할 테니까……

우린 여유롭게 기다렸다.

상대 1 쓸모가 없으면 가치가 없습니다. 그렇다고 쓸모가 있다고 다 가치 있는 건

아닙니다. 그러니까 쓸모가 있다고 해서 무조건 가치가 있는 건 아닙니다. 쓸모가 있는 것 중에서 가치 있는 것과 없는 것을 구분해야 합니다. 쓸모가 있는 것 중에는 개인적인 가치만 추구하는 것과 사회적인 가치도 추구하는 것이 있습니다. 두 개의 부분집합이 있는 셈이죠. 여기서 개인적인 가치를 추구하는 게 나쁜 건 아닙니다. 그러나 개인적인 가치만 추구한다면 그건 완전히 이기적인 것이고, 세상에 아무런 도움이 되지 않는 것이므로 가치가 없다고 봐야 합니다.

상대편은 참 힘들게 위기에서 벗어났다. 그래도 예상보다 쉽게……. 제법이다. 토론을 하는 데 집합의 개념을 사용하다니……. 솔직히 약간 놀랐다. 하지만 우리가 준비한 핵심 토론의 틀은 아직 펼치지도 않았다.

고운 방금 개인적인 가치만 추구한다면 이기적인 것이고, 세상에 아무런 도움이 되지 않으면 가치가 없다고 했습니다. 그건 그쪽 주장을 다시 반복한 것일 뿐, 새로운 근거는 전혀 없습니다. 우린 행복하기 위해 삽니다. 인생에서 무엇이 가치 있느냐를 판단할 때의 기준은 '행복을 채워주느냐, 채워주지 못하느냐'입니다.

바로 이게 우리가 미리 준비한 첫 번째 논쟁의 틀이었다. 인생의 가치는 행복을 기준으로 판단해야 한다. 행복이야말로 가치를 판단하는 기준이다.

지원 인생에서 중요한 건 행복입니다. 인간은 결국 자기 삶을 삽니다. 구스타브는 자기 삶에 아주 만족했습니다. 행복했습니다. 죽음까지도 받아들일 정도로 행복했습니다. 따라서 구스타브는 행복했으므로 그 삶은 충분히 가치가 있습니다.

법칙 ③, 연역법이다.

대전제 행복하면 인생이 가치가 있다.
소전제 구스타브는 행복했다.
결 론 따라서 구스타브의 인생은 가치가 있다.

이 연역논리를 깨려면 대전제를 건드려야 한다. 과연 상대편 토론자들은 우리가 내세운 대전제를 제대로 공격할까? 내가 보기엔 우리가 내세운 대전제를 깨는 건 무척 어려워 보인다. 뭐, 시우샘 정도라면 모를까?

상대 3 다른 사람에게 인정받지 못하고, 남들이 전혀 알아주지도 않는데 그게 가치가 있다니 말이 안 됩니다.
상대 2 맞습니다. 칭찬을 받고 인정을 받아야 살맛이 나고 행복해집니다.

아, 실망이다. 겨우 저 정도라니. 이제 우리가 준비한 두번 째 논쟁의 틀을 사용할 때다. 그러나 일단 행복하면 가치 있다는 논리는 확실히 못 박고 넘어가야 한다.

석규 지금 새로운 논리를 사용하셨는데, 조금 전에 우리가 한 주장에 대한 의견을 말씀해주십시오. '행복이 가치 판단의 기준이다'란 저희쪽 의견을 어떻게 생각하십니까?
상대 1 행복하다고 해서 무조건 가치 있는 삶은 아닙니다.
지인 왜 그렇죠?
상대 1 음, 그러니까. 히틀러를 예로 들어보죠. 히틀러는 나쁜 짓을 많이 했습니다. 자기는 행복했을지도 모릅니다. 그러나 그게 가치 있는 삶은 아닙니

다. 무수히 많은 사람을 죽이고, 피해를 입혔으니까요. 행복만으로 인생의
가치를 평가할 수는 없습니다.

오, 제법이다. 그래도 4강까지 올라온 데는 다 이유가 있었다. 법칙 ②를 멋지
게 사용했다. 물론 저 논리는 충분히 반박 가능하다.

고운 히틀러는 남에게 피해를 줬습니다. 히틀러와 같은 경우에는 행복하다고
해서 가치 있다고 할 수는 없습니다. 그러나 구스타브는 남에게 피해를 전
혀 주지 않았습니다. 오직 자기만의 만족을 원했습니다. 그리고 행복했습
니다.

상대 4 피해를 주지 않았을까요? 전 베르나르 베르베르가 쓴 『나무』를 읽었습니
다. 완전한 은둔자 얘기는 매우 인상 깊어서 기억이 납니다. 구스타브의 뇌
는 영양액에 담겼는데, 그걸 유지하기 위해서는 후손들이 지속적으로 영
양액을 관리해야 했습니다. 당연히 구스타브는 주변 사람들에게 피해를
줬습니다. 그리고 자기 몸을 없애고 뇌만 남겼을 때 가족들은 큰 상처를 받
았습니다. 이런 걸로 볼 때 구스타브가 피해를 주지 않았다는 주장은 옳지
않습니다.

음, 갑자기 신음소리가 나왔다. 그 책을 읽었다니 이건 완전 뒤통수다. 나도 책
열심히 읽을 걸 하는 후회가 밀려왔다. 나는 작전타임을 외치려고 했다. 그러나 그
럴 필요가 없었다.

석규 지금 그 말씀은 이런 논리네요. 피해를 주면 올바른 행복이 아니다. 구스타
브는 피해를 줬다. 따라서 구스타브의 행복은 올바른 행복이 아니다.

상대 4 맞는 말입니다.

석규 여기서 제일 중요한 논리는 '피해를 주면 올바른 행복이 아니다'란 논리입
니다. 방금 상대편 토론자 논리의 핵심입니다.

와! 법칙 ③-3, 토론에서는 연역법을 사용하면서도 사용하는지 모르고 사용
하는 경우가 많다. 이때 숨어 있는 전제조건을 찾아내라. 숨은 전제조건에는 허점
이 있기 마련이다. 숨은 전제를 찾아 공격하라! 멋지다, 석규!

석규 그럼 피해를 주면 올바른 행복이 아닐까요? 가만히 생각해 봅시다. 도대체
세상에 피해를 주지 않고 사는 사람이 누가 있습니까? 전 오늘 아침에 방
귀를 뀌었습니다.

하하하, 갑자기 강당이 웃음바다가 되었다. 나도 피식 웃었다. 선생님들도 웃
고, 상대편 토론자도 웃었다.

석규 전 세상에 피해를 줬습니다. 지구온난화의 주범인 이산화탄소보다 훨씬
강력한 오염 가스인 메탄을 분출했습니다. 그런데 방귀를 뀐 뒤에 전 행복
했습니다. 시원했으니까요.

이곳저곳에서 웃고 난리가 났다. 채점하시는 선생님들은 웃음을 참느라 애쓰
는 게 역력했다.

석규 상대편 논리대로라면 전 올바르지 못한 행복입니다. 지구온난화를 일으키
는 피해를 일으켰으니까요?
상대 2 그건 말이 안 되죠.
석규 맞습니다. 말이 안 됩니다. 그런 식으로 따지면 지구에 사는 모든 생명이

서로에게 피해를 주니까 모두 바르지 못한 행복을 누리는 중입니다. 모두 피해를 주고 삽니다. 결국 구스타브가 일정 정도 피해를 줬다는 이유만으로 가치 없는 행복이라고 말할 수는 없습니다.

"작전타임 신청합니다."
우린 여유롭게 기다렸다.
난 석규 등을 두드렸다. 짜식, 아주 재밌게 귀납법을 사용했어.
난 유머가 토론에서 큰 힘을 발휘한다는 사실을 깨달았다.

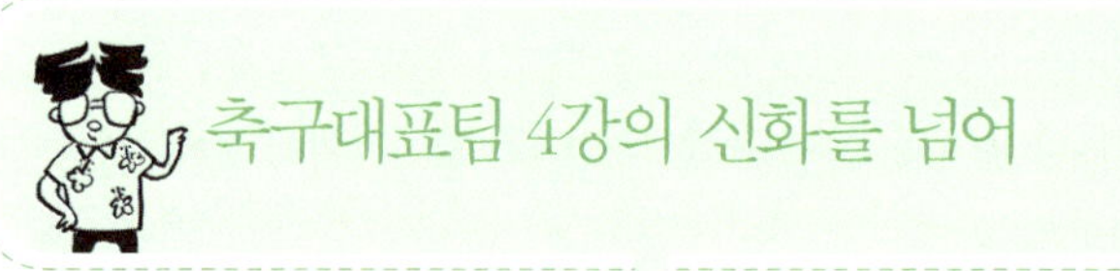

다급한 상대편, 여유로운 우리 편, 유머가 우릴 더욱 편하게 했고 없던 실력까지 발휘하게 만들었다. 유머는 상대를 무너뜨리고, 심사위원의 마음을 사로잡으며, 우리 편에겐 자신감을 심어준다. 아무래도 시우쌤에게 『토론비법서』에 유머를 추가하라고 말씀드려야겠다.

상대 4 인간은 사회적인 동물입니다. 사회 속에서 살아가므로 사회의 행복을 위한 삶을 살아야 합니다. 사회적으로 아무런 도움이 되지 않는 삶을 모두가 산다면 그런 사회가 어떻게 될까요? 모두가 구스타브처럼 살면서 그게 가치 있는 삶이라고 해 버린다면 그런 세상은 혼란스럽고, 엉망인 사회가 될 것입니다.

이제야 우리가 예상했던 바로 그 논쟁의 틀이 나왔다. 참 늦다. 토론 후반부에 서야 나오다니……. 상대편 토론자는 꼼수 ①, 협박하기를 사용했다. 저 정도 협박은 우리에게 안 통한다.

지원 모두가 구스타브처럼 산다면 그 의견이 맞겠죠. 그러나 그건 실현 가능성이 없습니다. 그 어떤 사회도 완전히 이기적으로 살지는 못합니다. 구스타브는 뇌를 분리했지만, 우린 그러지 못합니다. 우린 어쨌든 사람과 어울려 살아갑니다.

상대 3 맞습니다. 우린 사람과 어울려 살아갑니다. 그러니까 다른 사람에게 유익한 행동, 즉 사회적으로 가치 있는 행동을 해야만 삶이 가치 있는 것입니다.

고운 물론 사회적으로 가치 있는 행동을 모든 사람이 하면 좋겠죠. 하지만 구스타브는 정신적으로 자기 혼자 만족하는 삶을 택했습니다. 그건 구스타브의 선택입니다.

상대 2 잘못된 선택입니다. 그런 선택은 이기적입니다.

이제 우리가 준비한 가장 중요한 논리를 던질 때다. 사실은 이게 중간에 나올 줄 알았다. 상대편이 제대로 대응을 하지 못하다보니 토론 다 끝날 때쯤에야 써먹게 되었다.

지인 세상엔 많은 선택이 존재합니다. 그 선택을 우린 존중해야 합니다. 내가 가치 없다고 여기는 게 다른 사람에겐 가치가 있을지도 모릅니다. 내가 가치 없다고 생각한다고 해서 다른 사람이 가치 있다고 여기는 걸 무시할 권리는 우리에게 없습니다. 세상엔 다양한 가치가 존재하며, 우린 그걸 존중해야 합니다.

토론은 더 이상 벌일 필요도 없었다. 그 뒤로 몇 가지 이야기가 더 나왔지만, 시간을 채우는 의미 이상이 아니었다. 관객들이나 선생님뿐만 아니라 상대편도 우리가 이겼다는 걸 이미 알았다. 우리는 너무 일방적인 경기여서 그리 기쁘지도 않았다. 최강의 적을 물리치고 올라온 우리를 상대하기에 상대는 너무 약했다. 물론 우리가 너무 철저하게 준비한 덕분이기도 했다.

나는 야구만큼은 아니지만 축구도 좋아한다. 우리나라 축구대표팀은 2002년 월드컵에서도, 2012년 올림픽에서도 4강에 머물렀다. 그러나 우린 축구대표팀이 넘지 못한 4강을 가뿐하게 넘었다. 우린 드디어 꿈에 그리던 결승에 올랐다. 그것도 압도적인 실력을 과시하며!

토론 대회 우승도, 워터파크도 드디어 두 손으로 움켜쥘 곳까지 가까이 왔다. 이제 움켜쥐기만 하면 된다. 남은 건 단 한 번의 대결이다. 마지막 한 번!

04

승자와 패자를 결정하는 1%의 차이는?

4강전 승리의 기쁨을 만끽하기 위해 우린 일요일 점심 때 우리 집에 모였다. 엄마가 맛있는 음식을 해주기로 하셨다.

"와! 진수성찬이다."

밥상을 보고 나도 놀랐다.

"결승전 진출, 축하해."

"감사합니다."

"지원이가 너희들이랑 토론을 배우면서 정말 많이 바뀌었어. 그러니 내가 더 고맙다고 해야지."

엄마도 참.

아무튼 우린 신 나게 먹고 놀았다.

"그런데 그거 알아? 우리가 상대할 팀 있잖아, 문학반이래."

"문학반?"

"응, 엄청나게 책도 많이 읽고, 글도 정말 잘 쓴대. 전에 8강에서 우리랑 붙었던 김진애 선배도 문학반인데, 토론 대회에 참가하려는 문학반 친구들이 너무 많아서 일부러 다른 팀으로 간 거래.”

“문학반이면 별건가?”

“그게 그렇지 않은가 봐. 문학반을 지도하는 3학년 국어선생님이 토론을 좋아하셔서 틈만 나면 토론을 했다는 거야. 책도 엄청 많이 읽어서 수준이 장난이 아니래. 이번 토론 대회도 3학년 국어선생님이 문학반 학생들 의견을 받아들여서 열리게 됐다던데.”

“넌, 그 소리 어디서 들었어?”

“어젯밤에 친구한테 연락받았지. 친구가 그러는데 우리가 8강에서 만난 선배들이랑, 문학반 선배들 팀이랑 결승전에서 붙게 하려고 대진표를 짰다는 소문도 있대. 그런데 우리가 그 중 한 팀을 이기고 올라온 거지.”

지인이 말을 듣고 보니 조금 겁이 나긴 했다.

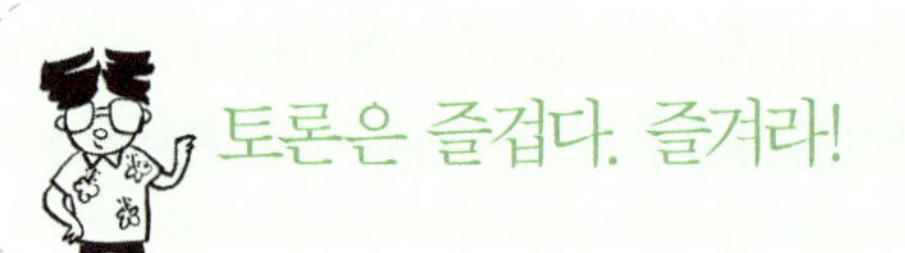

“너희들 겁먹었구나.”

엄마였다.

“너희들 말을 들으니 정말 대단한 팀이네. 그런 팀한테 진다면 져도 큰 문제 아니겠네.”

“에이, 엄마는! 우리가 어떻게 올라왔는데.”

“지든, 이기든 너흰 이미 큰일을 해냈어. 옛날에 공자님이 말씀하셨지. ‘재주 있는 자는 노력하는 자를 이기지 못하고, 노력하는 자는 즐기는 자를 이기지 못한다’고. 마음껏 즐기렴. 그럼 충분한 거야.”

오, 엄마!

우리 엄마 말씀 덕분에 정신을 차렸다. 토론은 즐겁다. 결승전이든 16강전이든, 그냥 우리끼리 하는 토론이든 다 마찬가지다. 토론은 생각을 나누는 과정이고, 치열한 논리 싸움이다. 마치 게임과 같다. 그러니 즐겁다. 재밌다. 그걸 즐기자. 토론을 신 나게 벌이자. 그럼 충분하다.

대강당은 열기로 가득했다. 수백 개에 달하는 의자에 사람들이 빼곡했다. 그것도 모자라 곳곳에 서서 구경하는 사람도 많았다. 심사위원도 열다섯 명이나 우리 앞에 자리를 잡았다. 다른 학교에서 초청되어 온 학생들 다섯 명, 토론에 참가한 우리들과 아무런 관련이 없는 학부모들 다섯 분, 그리고 계속 심사를 맡아 왔던 선생님 다섯 분이 우리를 정면으로 바라보며 무대 바로 아래 위치했다.

토론 주제는 한 시간 전에 이미 받았다. 참 난감했다. 아마 지금까지 받은 주제 중에 가장 골치 아픈 주제가 아닐까 싶었다.

주제를 보자마자 난 지켜야 한다는 생각이 들었다. 반드시, 꼭, 지켜야 한다는 의견을 뽑기를 원했다. 그러나 우리에게 주어진 의견은 내 생각과 또 달랐다. 저 강적을 상대로 법을 어기자는 주장을 해야 하다니, 정말 어려운 토론이 되겠구나 싶었다. 토론을 준비하는 과정에서 다른 애들도 나와 같은 의견이었다. 그리고 그 예상은 토론 시작과 더불어 분명하게 확인되었다.

"이 싸움은 우리에게 불리해. 이런 불리한 상황을 이겨내려면 결국 논쟁의 틀을 어떻게 마련하느냐가 중요해."

우린 우리에게 절대적으로 유리한 논쟁의 틀을 만들기 위해 고심했다. 만약 논쟁의 틀을 토론에서 잘 자리 잡게만 한다면 우린 승리를 하겠지만 만약 실패한다면……, 그건 생각하고 싶지 않다.

우리가 입장하자 관중들의 엄청난 박수 소리가 울렸다. 사회자 선생님이 규칙을 다시 말해주었다. 토론자들은 이미 다 아는 규칙이었다. 넘쳐나는 관중을 위한 친절이었다. 난 관중석에서 엄마를 발견했다. 다른 애들 엄마들도 보였다.

자, 긴장 풀고. 지금부터 토론을 즐겨보자고. 토론은 재미있으니까…….

실전 토론으로 다져진 진짜 최강의 적

"토론을 시작합니다. 신호를 지켜야 한다고 주장하는 팀부터 의견을 발표해주십시오."

상대 1 신호등은 정해진 시간에 맞춰 신호를 보냅니다. 신호는 도로와 교통이 발달한 요즘 운전자와 보행자가 모두 반드시 지켜야 할 규칙입니다. 이는 단순한 규칙이 아니라 사회의 유지와 안녕을 위해 필수적인 장치입니다. 물론 아무도 없는 새벽 3시에 신호등이 빨간색일 경우 신호를 지켜야 하는지를 규칙 준수라는 단순한 시각으로 접근할 수는 없습니다. 신호는 공인된 약속 체계입니다. 이 약속은 우리 사회의 구성원이라면 어느 곳이든, 어떤 곳이든 지켜야 할 양심의 기준입니다. 소크라테스는 부당한 판결에 복종하지 말고 탈출하라는 크리톤의 권유를 거부하고, '국가가 내게 이익일 때는 지키고, 이익이 되지 않을 때 약속을 지키지 않는다면 국가는 유지될 수 없다'면서 독배를 마시고 죽습니다. 이는 단순히 법을 지켜야 한다는 말이 아니라, 자기 이익에 따라 법을 지키기도 하고, 안 지키기도 하는 사람들의 위선을 비판한 것입니다. 새벽 3시의 신호등을 지키는 일은 소크라테스처럼 독배를 마시는 일도 아니므로 지키지 못할 이유가 없으며, 당연히 지켜야 합니다.

강하다. 정말 강하다. 지금 우리가 상대하는 팀은 8강에서 만났던 선배들보다 더 강한 느낌이 들었다. 우리가 8강에서 만난 팀과 지금 저 팀을 결승전에서 만나게 하려고 선생님들이 조를 일부러 분리해서 짰다는 소문이 빈 말은 아닌 듯했다.

소크라테스, 크리톤, 독배 이야기까지 할 줄은 몰랐다. 법칙 ②, 역사적 사실을 바탕으로 논리를 전개하면 강력한 힘을 발휘한다더니 정말 엄청났다. 소크라테스 독배 이야기는 법칙 ⑥, 유추이기도 했다. 상대팀은 우리 못지않게 토론 법칙을 자유자재로 사용한다. 더욱이 문학반이라 책을 많이 읽어서 지식도 해박하고, 사용하는 단어도 어렵다. 어려운 말이 나오고, 유명한 사람의 논리를 들이대면 우리는 그게 꼼수인 줄 알면서도 당하고 만다. 문학반에서 계속 토론을 한다더니 말하는 수준이 장난이 아니다. '신호를 지키는 일이 독배 마시는 일보다는 훨씬 쉽다'는 논리엔 나도 모르게 설득당할 뻔했다. 정신 바짝 차려야 한다.

석규　규칙은 되도록 지켜야 합니다. 신호등은 사회적인 약속이므로 되도록 지켜야 합니다. 그러나 규칙이라고 무조건 지켜야 하는 건 아닙니다. 규칙은 우리의 필요에 의해서 만들어진 것이므로, 규칙은 그 필요성을 따져가며 지켜야 합니다. 규칙을 지킴으로써 사회적으로 큰 손해가 발생한다면 그 규칙은 지키지 말아야 하며, 새로운 규칙으로 바뀌어야 합니다. 따라서 우리는 꼭 지켜야 하는지 여부를 따져봐야 합니다. 이 규칙을 지킬 때 사회적으로 얻어지는 이익은 무엇입니까? 없습니다. 아무도 보지 않는 곳이기 때문에 사회에 어떤 영향도 끼치지 않습니다. 반면에 그 자리에서 머물면 자동차 공회전으로 인해 환경오염물질이 배출됩니다. 자동차를 그만큼 오래 타기 때문에 자동차 수명도 줄어듭니다. 또한 졸린 상황이기 때문에 기다리다 졸음이 쏟아져서 졸음운전의 위험도 높아집니다. 그리고 빨리 가서 씻고 편안하게 휴식을 취함으로써 얻는 개인적 안락과 만족감도 큽니다. 이처럼 지킴으로써 얻는 이익은 거의 없고, 지키지 않음으로써 얻는 이익은 많은 상황입니다. 그러니 당연히 지키지 않는 게 옳습니다.

일단 출발은 좋다. 우리가 만들어 놓은 틀을 제대로 전개했다.

상대 2 손해를 거론하면서 환경오염물질 배출, 자동차 수명 단축, 졸음운전 등을 거론하셨고, 이익으로는 편안한 휴식을 말씀하셨습니다.

상대가 법칙 ①을 쓴다. 우리 못지않게, 어쩌면 우리보다 더 자유롭게 토론 법칙을 사용하는 능력자들인 듯하다. 걱정이다.

상대 2 자동차가 신호등을 지키면서 보내는 시간이 얼마일까요? 짧으면 30초, 교차로와 같이 신호등이 아주 긴 곳이 2분입니다. 그 정도 머문다고 얼마나 큰 손해를 보겠습니까? 그건 극히 작은 손해입니다. 자동차 수명이 줄어든다는 논리도 마찬가집니다. 졸음운전을 할 가능성은 새벽이면 확실히 높습니다. 그러나 신호등에서 30초에서 2분 더 머문다고 졸음운전의 위험이 현격하게 높아지지는 않습니다. 이미 기다림과 상관없이 새벽 시간이므로 졸음운전의 위험은 존재했습니다. 따라서 이건 손해와 이익을 따질 바가 못 됩니다. 마지막으로 조금 빨리 가서 얻는 편안함은 어느 정도 인정합니다. 그러나 이는 철저히 개인적인 만족감입니다. 그것도 그리 크지 않은 개인적인 만족감입니다. 개인적으로 얻는 작은 만족감을 위해 사회가 정한 규칙을 위반하는 건 옳지 않습니다.

반론을 듣는 내내 미치는 줄 알았다. 어쩜 저렇게 자연스럽고, 또박또박 하나하나 짚으면서 반박을 하는지 놀라울 뿐이었다. 단기 속성으로 익힌 우리들은 오랫동안 토론한 능력자들을 이기기는 어렵단 말인가? 그러나 토론이 꼭 불리한 건 아니었다. 어쨌든 토론은 우리들이 생각했던 틀로 가는 중이었다.

지인 상대편 토론자는 우리가 거론한 이익이 전혀 의미 없다고 축소 해석하셨습니다. 일단 저희는 그 의견에 동의하지 않습니다. 그리고 지키지 않음으로 인해 얻는 이득이 없다고 하셨는데, 지킴으로써 얻는 이득은 왜 한 마디도 하지 않습니까?

상대 3 규칙을 지켰다는 그 자체가 이득입니다. 극히 작은 개인적인 이득을 이유로 사회적으로 정해진 규칙을 위반하는 자체가 심각한 위법행위입니다. 그런 식으로 이곳저곳에서 규칙을 어긴다면 사회의 규칙은 혼란스러워지고, 위법이 판치는 세상이 될 것입니다.

흠, 이 토론자는 그리 뛰어나지 않다. 기껏 하는 얘기가 협박이라니. 새벽 3시에 혼자 신호등을 어긴다고 세상이 망하진 않는다.

지원 신호 하나 어겼다고 세상이 망하진 않습니다. 새벽 3시 아무도 보지 않는 곳에서 어긴 것입니다. 이러한 사소한 행위가 세상을 혼란스럽게 만든다면 대한민국은 이미 망해도 수백, 아니 수억 번은 망했을 것입니다. 아무도 보지 않는 새벽에 신호를 지킨다고 사회적으로 이익이 되는 것은 거의 없습니다. 반면에 상대편 토론자들이 극히 작은 피해라고 했지만 분명히 피해는 발생합니다. 피해가 있는 행동과 피해가 없는 행동, 무엇을 해야 할까요?

이때까지 우린 우리가 토론을 주도한다고 여겼다. 우리가 만든 토론의 틀에 상대를 가두고 우세를 점했다고 믿었다. 상대가 말은 잘하고, 배경지식은 뛰어나지만 우리들이 만든 토론의 틀에 갇힌 이상 우리가 우위라고 믿었다. 그러나 이건 오히려 상대편이 만든 함정이었다.

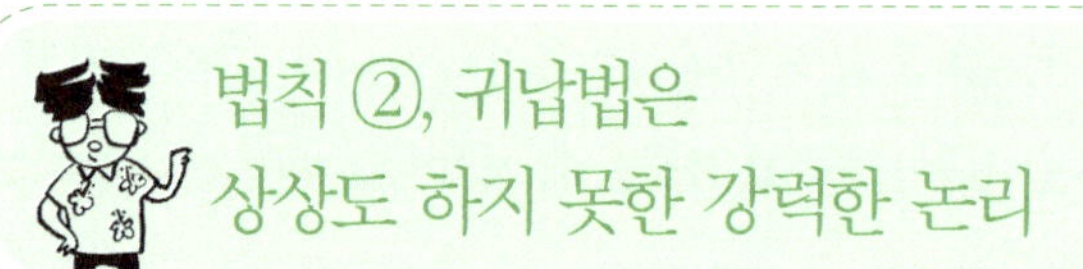

상대는 지금까지 숨겨두었던 비장의 카드를 꺼냈다. 설마 이런 근거를 준비할 줄이야……, 생각도 못했다.

상대 4 지금까지 상대편 토론자들께서는 계속해서 신호를 지킬 때 얻는 이익이 없다는 점을 강조했습니다. 그러나 아무도 보지 않는 곳에서 신호를 지키는 행위는 개인적으로 엄청난 이득을 안겨줍니다. 그 구체적인 사례를 말씀드리겠습니다. 독일의 한스 베르거라는 과학자는 신경과학 연구 전문가입니다. 그는 아주 색다른 실험을 했습니다.

한스 베르거? 신경과학 연구 전문가? 난 본능적으로 긴장했다. 이건 심상치 않다.

 한스 베르거는 피실험자들에게 뇌를 탐지하는 탐지기를 부착하고 일주일 동안 관찰했습니다. 베르거는 인간의 심리나 감정의 변화, 의식의 상태에 따라 뇌에 어떤 변화가 일어나는지 관찰했습니다. 그런데 연구 결과 아주 흥미로운 사실이 발견되었습니다. 피실험자가 아무도 없는 한적한 공원에서 쓰레기를 줍거나, 텅 빈 거리에서 주운 지갑을 경찰서에 가져다주는 등의 양심적 행동을 했을 때 뇌파에 엄청난 변화가 생긴다는 점입니다. 누가 보는 상황에서 양심적인 행동을 할 때 느끼는 만족보다 보이지 않는 곳에서 스스로 양심의 기준에 따라 올바른 행동을 했을 때 훨씬 큰 만족을 얻고 행복감을 느꼈다고 합니다. 한스 베르거의 연구 결과는 그대로 우리가 토론하는 주제와 연결됩니다. 아무도 없는 새벽 3시의 신호등, 정말 완벽하게 한스 베르거의 실험 상황과 일치하지 않습니까? 이때 묵묵히 신호등을 지킬 때 개인이 얻는 양심의 만족감은 그 어떤 만족감보다 더 큰 이득을 안겨줍니다.

아, 이건 완전히 결정타, 핵주먹이다. 우린 순간적으로 서로를 쳐다봤다. 양심의 이득을 어느 정도 말할 거라고는 예상했다. 그러나 이렇게 과학적인 근거를 제시하면서 논리를 전개할 거라고는 전혀 예상하지 못했다. 상대 토론자는 법칙 ②를 완벽하게 사용했다. 그것도 가장 강력한 힘을 지닌 과학을 근거로 사용했다. 과학은 강력하다. 시우샘이 준 『토론비법서』에도 과학이란 말은 나오지 않는다.

조금 더 생각해보니 한스 베르거의 실험은 '통계'다. 과학 실험 결과는 통계를 종합한 것이다. 결국 상대팀의 결정타는 '과학적 통계'였다. 『토론비법서』에서 통계가 '막강한 힘'을 지녔다는 말을 읽을 때는 그러려니 했는데, 실제 토론 상황에서 '과학적 통계'를 마주하고 보니 그 위력이 A급 태풍 못지않았다.

아무튼 실제 토론 대회에서, 그것도 중학생들에게 1시간 전에 주제를 주고 하는 토론 대회에서 과학적 통계를 활용하다니, 정말 엄청난 토론자들이다. 문학반이기 때문일까? 문학반인데 왜 과학지식이 이렇게 높은 거야? 난 고개를 절레절레 흔들었다.

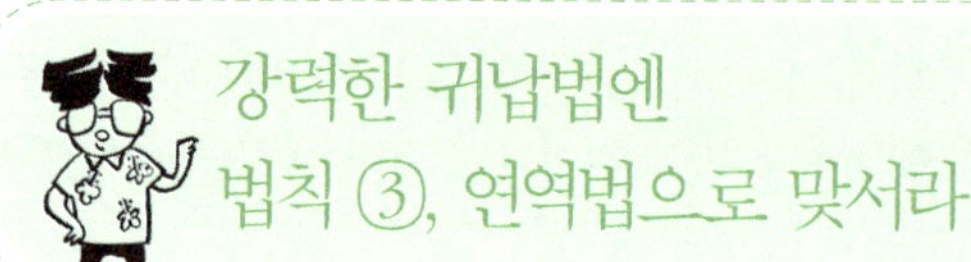

"작전타임을 요청합니다."

"받아들입니다. 2분 드립니다. 반대편은 의논할 수 없습니다."

도대체 저 선배들은 무슨 책을 읽었기에 저런 어려운 말도 줄줄이 나오는 걸까? 환장할 노릇이다. 평소에 책 좀 많이 읽을 걸, 후회가 밀려왔지만 지금 당장 어떻게 할 도리가 없었다.

우린 작전타임을 했지만 한동안 침묵만 했다. 모두 '과학적 통계'가 준 충격에서 헤어나지 못했다. 친구들에게 용기를 주고 싶었다. 우리들은 여기까지 온 것만 해도 대단하다. 이젠 즐기자. 지더라도 충분히 즐기고 지자.

"그래 맞아. 질 때 지더라도 즐겨보자."

"그래, 토론은 즐거운 게임이니까."

그때 고운이가 연필을 탁 쳤다. 저건 무언가 생각이 났다는 신호다.

"알았어. 방금 반대편의 과학적 근거에 반박할 논리가 생각났어."

"뭐야? 뭔데?"

"전에 우리가 시우샘이랑 욕을 주제로 토론할 때 생각나?"

글쎄?

"그때 지인이가 했던 논리를 시우샘이 지적하면서 '우린 욕이 나쁜지 여부를 토론할 때, 시우샘은 지인이가 욕이 나쁘다는 주장을 전제조건으로 걸고 얘기를 한다'라고 했어. 이게 지금 같은 상황이야."

난 선뜻 이해가 안 됐다.

"작전타임이 끝났습니다."

"내가 할게."

우린 다시 자리에 앉아 상대편을 마주 보았다. 당당함이 묻어났다. 그래, 뭐 즐 겨보자. 토론은 재밌으니까…….

고운 보이지 않는 곳에서 지키는 게 큰 행복을 준다고 했습니다. 저도 그 말에 100% 동의합니다.

아니, 고운이가 왜 저러지? 상대편 의견에 동의를 해 버리다니?

고운 그리고 지금 우리가 토론하는 주제에 대해서 생각할 때 대부분의 사람들 도 같은 생각을 하리라 예상합니다. 지키긴 귀찮지만 지켜야 하고, 지키면 양심이 만족한다고 말입니다.

음, 이건 아예 자살골 수준인데? 고운이는 상대편에 시선을 주지 않고 토론 판 정단과 관중들을 바라보며 말했다. 고운이의 침착함이 돋보였다. 역시 고운이야.

고운 그런데 잘 생각해보면 이건 논리적으로 앞뒤가 바뀐 오류입니다. 우린 토 론을 하는 중입니다. 토론에서는 감정이 아니라 논리가 중요합니다. 감정 적으로는 옳더라도 논리를 따져야 합니다.

상대 4 제가 한 말이 논리적으로 오류가 있단 말입니까?

고운　네, 그렇습니다. 지금 상대편 토론자께서는 보이지 않는 곳에서 양심을 지키면 행복감이 밀려 온다고 했습니다. 그런데 그 행복감은 왜 오는 걸까요? 바로 보이지 않는 곳에서도 신호등을 지키는 것이 옳다고 믿기 때문에 옵니다. 만약에 굳이 지켜도 되지 않는다고 믿는다면 거기서 만족감이 올 리가 없습니다.

와! 멋지다. 난 고운이가 무슨 말을 하는지 알아차렸다. 전에 시우샘이 했던 말도 전부 기억이 났다. 그래서 재빨리 덧붙였다.

지원　쓰레기를 남이 보이지 않는 곳에서 주우면 행복함을 느낀다고 했습니다. 당연히 느낍니다. 그러나 쓰레기 하차장에서 남 몰래 쓰레기를 주울 때는 행복을 느끼지 않습니다. 왜냐하면 그건 자기 스스로 옳다고 느끼는 행위가 아니기 때문입니다.

고운　이처럼 상대편 토론자는 신호등을 지키는 행위가 옳다는 전제하에 그걸 지키면 만족을 얻는다는 주장을 펼친 것입니다. 우리는 '새벽 3시에 아무도 없는 거리에서 신호등을 지키는 것이 옳은지' 여부를 판단하는 토론을 하는 중이므로, 지금 주장은 앞뒤가 완전히 뒤바뀐 논리인 것입니다.

상대 3　이건 양심의 문제입니다. 대다수의 사람은 새벽에 양심을 지키면서 행복감을 느낍니다. 그러니 그 행복감을 위해서 신호를 지키는 건 양심의 이득에 관한 문제입니다.

석규　우린 논리적인 옳고 그름을 따지는 중이지, 양심이라는 감정의 문제를 따지는 게 아닙니다. 상대편 토론자의 주장은 우리가 토론하는 그 주제 자체를 무조건 옳다고 전제하고 논리를 전개하는 중입니다.

상대 2　이건 단순히 논리의 문제가 아닙니다. 이건 사회적 실천의 문제이며, 양심의 문제입니다.

지인 신호등을 지키는 건 사회적으로 옳다고 하는 고정관념처럼 형성된 생각입니다. 고정관념에 맞추어 무의식적으로 행동하고, 거기서 행복을 느끼는 행위일 뿐입니다. 우린 그 전제조건에 관한 토론을 하는 중이란 사실을 명심하시기 바랍니다.

상대는 자신들이 준비한 비장의 카드가 무너지자 당황한 기색이 역력했다. 상대가 약점을 드러내면 집요하게 파고들어야 한다. 우린 주도권을 잡았다. 토론이 신 나고 즐거워졌다. 이제 이기든, 지든 상관없다. 즐겁게 즐기면 된다.
"작전타임을 요청합니다."
"받아들입니다. 2분 드립니다. 반대편은 의논할 수 없습니다."

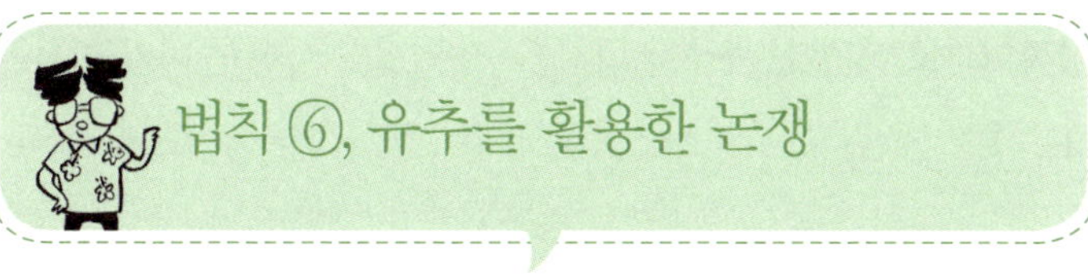

수백 명이 모인 대강당은 상대편의 작은 수근거림 외에는 아무런 소리도 나지 않았다. 관중석은 긴장감으로 가득했다. 엄마가 나를 향해 살짝 손을 흔들어주셨다. 나도 다른 사람들이 눈치 못 채게 살짝 손을 흔들었다.

상대 1 우리가 토론하는 주제는 법의 신뢰성, 안정성과 관련한 문제입니다. 아주 작은 규칙 위반이지만 법의 신뢰성과 안정성을 해치는 출발점이기 때문입니다.

석규 법은 사회적인 관계 속에서만 성립합니다. 법은 혼자 살 땐 아무런 의미가 없습니다. 무인도에서 혼자 산다면 법이 무슨 필요가 있겠습니까? 옷을 입

227

든 말든, 계속 소리를 지르든 말든, 낮에 자고 밤에 움직이든, 똥을 어디에 싸든 아무런 문제가 없습니다. 자기 마음 대로죠.

여기저기서 숨죽여 키득거리는 소리가 들렸다. 똥이라니, ㅋㅋㅋ.

석규 법은 둘 이상의 사람이 살 때 필요합니다. 새벽 3시 도로에서 혼자 운전하는 상황은 무인도와 같습니다. 무인도에서 무엇을 지킬지, 말지는 본인 마음이지, 법의 문제가 아닙니다. 법을 지켜야 할 이유가 없습니다. 그러니 양심에 가책을 받을 필요도 없습니다. 이건 그저 나에게 무엇이 필요하고, 이익인지 생각해서 선택하면 되는 문제입니다.

석규는 법칙 ⑥, 유추를 효과적으로 사용했다. 무인도와 새벽 3시 신호등을 비슷한 상황이라고 여겼다. 석규는 법칙 ③, 연역법도 사용해 자기 결론을 확고하게 내렸다.

대전제 무인도와 같은 상황에서는 법을 적용할 필요가 없다.
소전제 새벽 3시 신호등에 걸린 상황은 무인도와 같다.
결 론 따라서 새벽 3시 신호등을 지키는 문제는 법을 적용할 필요가 없다.

여기저기서 감탄하는 소리가 들렸다.

상대 1 새벽 3시 신호등에 걸린 상황과 무인도는 다릅니다.
지인 그게 왜 다릅니까? 아무도 없는 상황, 사회적으론 아무런 영향을 끼치지 않는 상황, 똑같습니다.
상대 1 무인도에서 사는 사람은 무인도에서 계속 삽니다. 그러나 새벽 3시 신호등에 걸린 사람은 신호등에 계속 머물지 않고 그 다음날 사회생활을 합니다.

상대는 우리가 사용한 유추를 깨뜨리기 위해 법칙 ⑥-2를 사용했다. 유추가
지닌 근본적인 한계점을 파고든 것이다. 유추는 어디까지나 유사한 사례를 통해
논리를 전개하는 방식이므로 유사성을 깨면 논리도 깨진다. 시우샘에게 토론 법
칙을 배우지도 않았을 텐데, 자유자재로 토론 법칙을 사용한다. 아마 오랫동안
토론을 하면서 쌓인 능력이겠지. 정말 만만치 않은 상대다. 승부욕이 불타오른다.

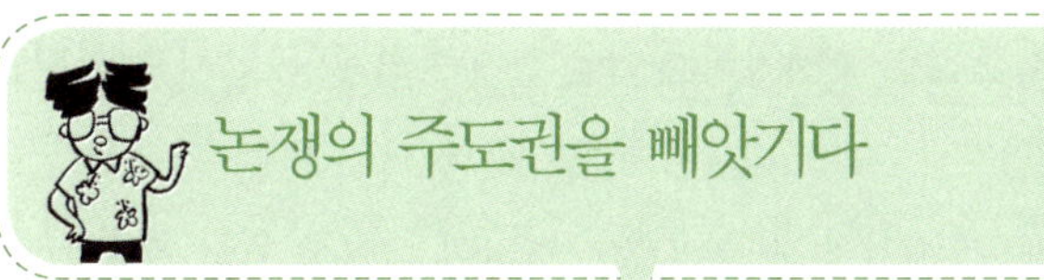

승부욕이 불타올랐지만 이후 토론은 점점 우리에게 불리하게 흘러갔다. 상대
팀은 자신들에게 유리한 토론의 틀을 만들더니 우리 반론은 무시하고 강력하게
자신들의 논리를 밀어붙였다. 오랜 기간 토론을 했던 경험에서 나오는 힘이었다.

상대 1 바로 그 점에서 결정적으로 다릅니다. 보이지 않는 상황에서, 자신에게 이
익이 된다고 규칙을 어긴 사람은 그와 비슷한 상황이 오면 또다시 규칙을
어기려 들 것입니다. 반면에 새벽 3시에도 규칙을 지킨 사람은 누가 보지
않아도 사회가 정한 규칙과 법을 잘 따를 것입니다. 이게 바로 새벽 3시 신
호등을 지켜야 하는 결정적인 이유입니다.

지원 새벽 3시에 신호등을 지켰다고 해서 다른 상황에서도 다 규칙을 지킬 거라
는 주장은 성급한 일반화입니다. 그건 사람에 따라 다르고, 그렇게 쉽게 단
정적으로 일반화할 수 없는 사항입니다.

성급한 일반화, 꼼수 ⑩이다. 꼼수를 폭로하면 우리가 우위에 선다.

상대 4 우리 모두가 그렇다고 하지는 않았습니다. 상식적으로 판단할 때 새벽 3시에 신호등을 지키는 사람이 다른 상황에서 법을 위반하리라 보기는 어렵습니다. 우리가 여기서 강조하려는 건 우리 사회 곳곳에 양심이 무너지고, 남들이 보이지 않는 곳에서 법을 지키지 않는 사람들입니다. 우린 흔히 남이 보지 않으면 규칙을 지키지 않으려고 합니다. 그러다보니 남들도 보이지 않는 곳에서는 규칙을 잘 지킬 거라고 믿지 않습니다. 신뢰가 깨진 것이죠. 불신이 널리 퍼졌습니다. 이로 인해 벌어지는 사회의 문제가 정말 많습니다. 보이지 않는 곳에서도 규칙을 지켜야 합니다. 그게 이 사회를 건강하게 합니다.

상대 3 상대 토론자들께서 토론 초반에 사회적인 이익이 전혀 없다고 했는데, 신뢰의 문제는 사회와 관련이 아주 깊습니다. 신뢰가 깨지면 사회는 유지가 불가능합니다.

상대 2 지금 이 주제는 '보는 눈이 없을 때는 규칙을 어겨도 되는가?'로 질문을 바꿔도 됩니다. 보는 눈이 없다고 규칙을 어겨도 될까요? 그건 누가 뭐래도 옳지 않습니다.

위기다. 주도권이 넘어갔다. 상대팀은 '보는 눈이 없을 때 규칙을 어겨도 되는가?' 식으로 자신들에게 완전히 유리한 토론의 틀을 만들어 버렸다. 이걸 깨야 한다. 깨지 못하면 진다.

고운 '보는 눈이 없을 때 규칙을 어겨도 되는가?'라고 했는데 지금 우리가 하는 토론은 그 주제가 아닙니다. 그건 상대팀 토론자들이 자신들에게만 유리하게 일부러 토론 논점을 끌고 간 것입니다.

일단 상대가 만든 토론의 틀에 휘말려 들지 않았다. 논쟁을 주도해야 한다.

지원　중요한 건 실제입니다. 여기 많은 학부모님들과 선생님들이 계시는데 여기 계신 분 중에서 주어진 주제와 같은 상황에 닥쳤을 때 신호등을 지킬 분이 얼마나 계십니까? 물론 직접 손을 들기는 어렵겠지요. 그러나 속으로 한번 답변해보십시오. 아마 대부분이 지키지 않을 겁니다. 우린 논리적인 이야기를 하는 중이지만, 동시에 현실도 고려해야 합니다. 지키지도 않고, 지켜지지도 않고, 지켜서 큰 이득도 없고, 손해가 많은 법을 지키라고 강요하지는 말아야 합니다.

난 제법 내가 멋지게 공격했다고 은근히 뿌듯해했다. 그러나 내 논리는 곧바로 강한 반격을 받았다.

상대 4　지금 상대팀 토론자는 위법을 정당화했습니다. 다른 사람도 다 어기면 규칙은 바뀌어야 하나요? 여기 거의 대부분 쓰레기를 버려보셨을 테니 쓰레기 버리지 말라는 법은 바뀌어야 하나요? 다들 거짓말을 해본적 있으니 거짓말 하지 말아야 한다는 원칙은 바뀌어야 하나요? 아니지 않습니까.

윽, 이런~! 실수다. 상대는 법칙 ⑥, 유추를 활용해 내 논리를 완전히 박살내버렸다.

상대 1　이 문제의 핵심은 '보이지 않는 곳에서 양심을 지켜야 하는가, 말아야 하는가?'입니다. 우리 사회에서 양심의 문제는 중요합니다. 양심을 어기고 벌어지는 비리가 얼마나 많습니까? 보이지 않는 곳에서 지킨다는 믿음이 있어야 사회가 건강해집니다.

고운 그 논리는 아까도 말했지만 논리의 앞뒤가 바뀐 것입니다. 우리는 그렇게 지키는 것 자체가 양심의 문제가 아니란 사실을 이미 밝혔습니다.

상대 2 사회는 믿음 속에서 유지됩니다. 중요한 건 보이든, 보이지 않든 우리가 합의한 규칙을 지키느냐, 마느냐입니다. 한밤중 신호등을 위반한 건, 규칙 위반이고, 법 위반입니다. 그걸 어겨도 되는 건 개인의 이익을 따라 법을 위반하자고 선동하는 거나 마찬가집니다. 작은 위반이 큰 위반을 낳습니다. '바늘 도둑이 소도둑'됩니다.

석규 지금 상대팀 토론자들은 논의를 자신들에게만 유리한 틀로 끌고 가는 중입니다.

상대 3 이 주제를 접하면서 전 생각해봤습니다. 과연 이러한 조건에서 규칙을 지키는 사람이 얼마나 될까? 상대팀 토론자가 말했듯이 대다수가 안 지킬 거라고 생각합니다. 바로 그게 문제입니다. 안 보는 곳에서 다들 나쁜 짓 할 거라고 생각합니다. 나도 그러니까, 다른 사람도 그럴 것이다. 이런 게 쌓여서 사회 전체에 그런 불신이 생겨납니다. 정말 끔찍한 불신입니다. 불신이 아주 뿌리 깊습니다. 안 보이는 곳에서 규칙을 지킬 때 우리 사회의 불신도 사라질 것입니다.

상대팀은 토론 막바지에 폭포수처럼 자신들의 논리를 쏟아냈다.

"찬성팀은 토론 시간 25분을 다 썼습니다. 이제 발언 기회는 반대팀에게만 주어집니다. 2분 21초 남았으므로 잘 생각해서 활용하십시오."

"작전타임을 요청합니다."

"받아들입니다."

우린 마지막에 누가, 어떻게 말할까 정해야 했다.

"중간에 우리가 우위를 점했다가 막바지에 조금 밀렸어. 마지막에 강력하게 반박해야 해. 안 그러면 어려워."

인정한다. 뒷부분에 주도권을 빼앗겼다. 상대는 정말 강적이었다. 토론의 틀을 자신에게 유리하게 끌고 가고(법칙 ⑤), 상대의 말을 이용해 상대를 공격하고(법칙 ④), 연역법(법칙 ③), 귀납법(법칙 ②)뿐만 아니라 유추(법칙 ⑥)까지 필요할 때, 필요한 곳에서 적절히 사용했다. 자신들이 더 뛰어나다는 점(법칙 ①)도 몇 번이나 드러내 보였다. 꼼수는 거의 사용하지 않았으며, 우리가 꼼수를 조금 사용하면 곧바로 그걸 반격해 버렸다. 그러니 정말 막강했다.

그들이 사용하지 않는 법칙은 딱 하나였다. 바로 법칙 ⑦! 내 머리에는 법칙 ⑦을 써야겠다는 생각이 맴돌았다. 하지만 어떻게?

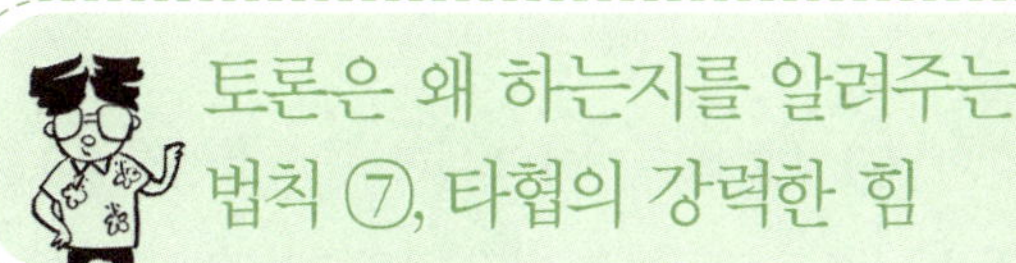

우린 작전타임을 사용했지만 아무 말도 없었다. 누구 하나 어떻게 해야 할지 명쾌하게 방향을 정하지 못했다. 난 고민 끝에 말을 꺼냈다.

"토론은 왜 할까?"

"웬 뜬금 없는 소리?"

"시우샘이 몇 번 강조했잖아. 토론은 왜 하냐고?"

"그게 여기서 왜 중요해?"

"음, 갑자기 생각나는 게 있어서."

"그게 뭔데?"

"법칙 ⑦이야. 시우샘이 이 법칙을 제대로 쓰면 99% 승리한다고 했어. 필승의 법칙!"

"그걸 여기서 어떻게 쓰게?"

난 명확한 결론이 생각나지 않았다. 방향만 어림짐작 할 뿐이었다. 잠시 무거운 침묵이 흘렀다.

"작전타임이 지났습니다. 반대팀은 마지막 2분 21초를 사용해주십시오."

"어떻게 할 거야?"

석규가 다급하게 물었다.

"내가 할게."

"준비는 됐어?"

난 그냥 웃었다.

"즐겨야지 뭐."

난 마이크 앞으로 바짝 다가갔다.

지원 　정말 나쁜 법이 아니라면 법은 지켜야 합니다. 준법정신은 중요합니다. 사실 저희들 주장은 노골적으로 법을 어기자는 주장이나 마찬가지입니다. 그리 나쁜 규칙도 아닌데 말입니다. 다 추첨 탓이죠.

여기저기서 웅성거리는 소리가 들렸다. 패배를 인정하는 말이기 때문이다. 그러나 난 머뭇거리지 않았다. 바로 옆에 있던 친구들의 시선도 느껴졌다. 내가 법칙 ⑦을 쓴다고 했기 때문에 믿고 지켜보았지만, 걱정하는 기운이 얼굴을 따갑게 두드렸다.

지원 　운전하시는 분들, 앞으론 아무도 없는 길에서 빨간 신호등을 만나면 반드시 신호등을 지키시기 바랍니다. 귀찮다고, 누가 지켜보지 않는다고 법을 지키지 않는 건 옳지 않습니다. 양심의 울림을 저버리지 않아야 합니다.

이제 다들 패배를 인정한다는 분위기였다. 승부는 결정났다고 생각하는 모양

이다. 웅성거림이 잦아들지 않자 사회자 선생님이 조용히 하라고 말하기까지 했
다. 양쪽에 앉은 친구들의 입에서 작지만 한숨소리가 들렸다. 난 애써 무시했다.

지원　그리고…….

'그리고'가 중요하다. '그러나'도 '하지만'도 아니다. '그리고'다. 시우샘은 '그리
고'가 토론의 핵심 정신이라고 했다. 토론은 상대를 부정하는 싸움이 아니다. 토
론은 상대를 존중하기에, 상대 의견도 옳다고 인정하기에 한다. 토론은 왜 하는
가? 상대 의견도 타당하기 때문에 토론을 한다. 별 필요 없어 보이는 상황이라도
규칙을 지켜야 한다는 상대팀 의견도 당연히 타당하다. 상대가 100% 틀리다면
토론은 필요가 없다.

물론 상대를 인정하고 끝나지 않는다. 거기서 머물면 토론이 아니다.

지원　그리고 우린 법이 무엇인지에 대해서도 생각해야 합니다. 법은 약속입니
다. 세상을 살아가기 위한 약속입니다. 그 약속이 정말 도움이 될 경우도
있지만, 도움이 되지 않는 경우도 많습니다. 해를 끼치는 약속도 분명히 존
재합니다. 이때 우리는 그 약속을 무조건 지키지 말고, 약속이 과연 올바른
지 고민해야 합니다.

난 잠시 숨을 고르며 심사위원 쪽을 바라봤다. 그리고 심사위원들을 설득했다. 관객들도 설득했다. 말을 하다 보니 내가 무엇을 말하려고 하는지 명확히 떠올랐다.

지원 　새벽 3시 신호등을 지키는 문제는 단순히 안 보이는 곳에서 정해진 규칙을 지키느냐, 마느냐 하는 양심의 문제가 아닙니다. 이 문제의 핵심은 잘못된 약속, 그릇된 법을 어떻게 바라봐야 하는가 하는 자세의 문제입니다.

이제 결정타를 날릴 시간이다. 법칙 ②, 아니 내 생각에는 꼼수 ④에 가깝다. 난 아주 감정적인 예를 통해 상대를 설득하는 방법을 쓸 것이다. 내가 설득할 대상은 반대편에 앉은 토론자들이 아니라 관중과 심사위원이다.

지원 　저는 약속과 규칙 때문에 엄마에게 야단을 많이 맞았습니다. 예전에는 되도록 약속을 지키지 않으려 했고, 엄마는 정해진 약속인데 왜 안 지키느냐면서 야단을 치셨습니다. 그러나 요즘은 다릅니다. 정해진 규칙과 약속이라 해도 상황이 바뀌거나 해보고 어려우면, 엄마에게 얘기를 해서 의논을 합니다. 그러면 엄마도 의견을 말씀해주십니다. 우린 야단과 반항의 틀에서 벗어나 진지한 토론을 통해 늘 새롭게 규칙을 만들어 나갑니다. 그러다 보니 규칙에 대한 저항감이 거의 사라졌습니다.

엄마가 보였다. 흐뭇하게 날 보셨다. 엄마는 나를 사랑한다. 사랑! 사랑은 멋지다. 15초 밖에 남지 않았다.

지원 　불필요한 약속, 잘못된 법은 바꿔야 합니다. 새벽 3시 신호등, 약속이니까, 법이니까 무조건 지키라고 할 게 아니라 거기에 잘못된 점은 없는지 따져서 바꿀 약속은 바꾸는 게 우리가 취해야 할 기본 태도라고 봅니다. 전 그런 태도가 토론의 기본정신과 일치한다고 봅니다.

디지털시계는 0을 가리켰다. 잠시 침묵이 흘렀다. 대강당에 자리한 수백 명의 사람이 숨소리 빼고는 고요 속에 빠졌다. 잠시 뒤,

"결승전, 정말 멋진 토론이었습니다. 토론은 끝났습니다."

사회를 보시는 선생님의 말씀이 끝나자, 우레와 같은 박수가 터져 나왔다. 짐작컨대 이 대강당이 생긴 뒤 가장 큰 박수 소리일 거다. 아니면 말고…….

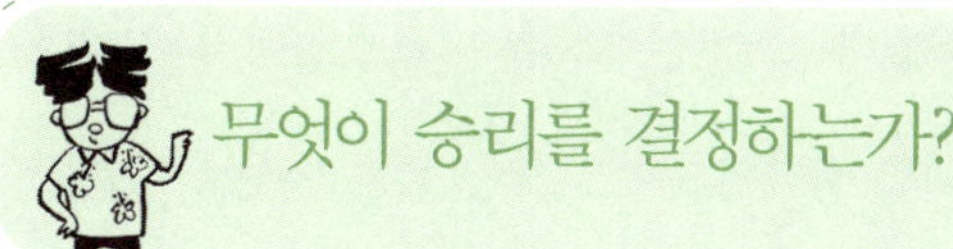

결정을 기다리는데 심사위원 한 분이 사회를 보시는 선생님에게 다가왔다. 무언가 소곤거리며 말씀을 하시고는 다시 원래 자리로 돌아갔다.

"심사위원장님께서 다른 심사위원들과 잠시 의논을 하시겠답니다. 원래는 점수표를 그냥 합계하려고 했는데 의논할 사항이 있다고 하시네요. 심사위원들이 최종 승자를 정하는 동안 잠시 기다려주시기 바랍니다."

대강당엔 조용한 음악이 흘렀고, 사람들은 이곳저곳에서 소곤거리며 이야기를 나눴다. 선생님들과 학부모님들도 많이 계셨기 때문에 학생들이 많았지만 떠드는 소리는 크게 들리지 않았다.

"야, 박지원. 멋졌어."

지인이가 엄지를 치켜세웠다.

석규는 흐뭇하게 웃으며 내 등을 두드렸다.

고운이도 나에게 살짝 미소를 보내주었다.

"토론, 진짜 재밌다."

"그러게. 이런 거 언제 또 해보냐."

"학교 1등으로 뽑히면 외부 대회에 나가잖아."

"야, 기대되는 걸."

"학교 망신 안 시키려면 정말 열심히 해야겠네."

"크크크, 이기지도 않았는데 외부대회 나갈 걱정은……."

"아무튼 진짜 즐거운 토론이었어."

"져도 실망 말자."

"그럼 즐겼으면 충분하지 뭐."

행복했다. 정말 만족스러웠다. 조금 전에 토론이 끝났는데 또 치열하게 토론해보고 싶었다.

"심사결과가 나왔답니다. 심사위원장님께서 심사결과를 발표해주시겠습니다."

박수.

그리고 발표.

"토론 주제를 선정할 때 솔직히 이 정도 수준의 토론이 벌어질 거라 예상하지 못했습니다. 수준 높은 토론을 경험하게 해준 두 팀에게 박수를 보냅니다."

심사위원장의 박수소리에 맞춰 관객들도 모두 박수를 보냈다. 우린 살짝 일어나서 인사를 했다.

"토론을 들으면서 저도 많은 고민을 했습니다. 단지 신호등을 지키느냐, 마느냐의 문제가 아니라, 양심의 문제라는 주장에도 공감이 갔고, 법과 규칙의 존재 이유를 고민해야 한다는 주장에도 공감이 갔습니다. 쉽다면 쉽고, 어렵다면 어려운 주제를 멋지게 소화해주어서 다시 한 번 감사드립니다."

이제 결과를 알려주세요. 너무 떨려요. 난 나도 모르게 옆에 있는 고운이 손을 꼭 잡았다. 고운이도 내 손을 꼭 잡았다.

"원래는 점수를 모아서 결정하려고 했으나 점수가 아니라 의논이 필요해 보였습니다. 그게 토론 대회의 취지를 잘 드러낸다고 생각했기 때문입니다. 심사위원들도 뒤에서 토론을 벌였습니다. 그리고 토론 끝에 만장일치로 우승자를 결정했습니다."

그 팀은 누구지? 우릴까? 제발 우리이길…….

"논리는 팽팽했습니다. 그런데 한 쪽은 자꾸 다른 쪽 의견을 부정했습니다. 그런데 한 쪽은 다른 쪽 의견을 수용하는 태도를 여러 번 보여줬습니다. 특히 마지막에 상대의 태도를 인정하고, 관중과 심사위원들에게 그 의견을 따르라고 하는 태도는 정말 놀라웠습니다."

이건 우리다! 고운이 손에서 열기가 전해져 왔다.

"그게 제 마음을 흔들었습니다. 다른 심사위원들의 마음도 흔들었습니다. 이기려는 태도가 아니라 받아들이려는 태도에 심사위원들은 깊은 매력을 느꼈습니다. 토론 대회라고 하면 이기려고만 합니다. 그러나 토론은 이기기 위해서가 아니라 존중하기 위해서 합니다. 박지원 토론자가 마지막에 했던 말, 토론의 기본정신! 심사위원 전원은 이 말에 절대적인 지지를 표하는 바입니다."

우승이다! 우리가 우승이다!

"우승은 박지원, 황고운, 정지인, 문석규 팀입니다."

이제 눈치볼 것 없다. 우린 고무공처럼 펄쩍펄쩍 뛰면서 서로 껴안고 함성을 질렀다. 박수 소리가 또다시 대강당을 가득 채웠다. 꽃다발을 든 사람들이 앞으로 쏟아져 나왔다. 그중엔 엄마도 있었다.

나는 엄마에게 꽃을 받아들고 엄마를 꼭 껴안았다. 너무 행복해서 정신이 없었다. 눈물도 났다. 그 혼란 속에서 고운이가 귓속말을 건넸다.

"너, 오늘 진짜 멋졌어!"

가슴이 두근거렸다. 지금이 기회다 싶어 숨겨두었던 내 마음을 전했다.

“나, 너 좋아해.”

가슴이 콩닥거렸다. 귓속말을 전한 뒤 잠시 흐르는 시간이 매트릭스 영화의 슬로모션처럼 지나갔다.

“난 이미 알았는데, 그걸 왜 이제 말하니? 네가 언제 고백하나 기다렸잖아.”

헉! 이럴 수가! 고운이도 내 고백을 기다렸다고? 와! 내 심장은 미친 듯이 뛰었다. 밖으로 튀어나올까 봐 걱정될 정도였다. 토론 대회에서 우승해 워터파크에 갈 돈도 벌고, 고운이의 사랑도 얻고! 지금이 내 생애 최고의 순간이다. (엄마에겐 미안하지만) 솔직히 엄마를 껴안았을 때보다 더 좋은 순간이다. (이래서 옛날부터 부모님들이 자식 키우면 다 쓸데없다고 하신 건지도 모르겠다. 그런데 지금 내가 말한 논리는 법칙 ②, 정당한 귀납법일까? 꼼수 ⑩, 성급한 일반화일까?)

토론은 민주주의입니다

첫째, 생각이 다르다고 다퉈야 하나?

어떤 식당에서 혼자 점심을 먹을 때였다. 엄마 한 명과 남자 아이 둘이 들어왔다. 자리에 앉자마자 엄마는 야단을 쳤고, 아들 둘은 번갈아 가며 엄마에게 반항했다. 목소리가 꽤나 컸다. 난 불편했다. 목소리 크기 때문이 아니었다. 상대를 향하는 말의 날카로움이 날 불편하게 만들었다. 엄마와 아이들이 나누는 대화는 대화가 아니라 서로를 향한 날선 공격이었고, 상대를 제압하려는 전투였다. 상대를 흠집 내는 흉기 같은 말을 거리낌 없이 내뱉었다.

말은 양면이 존재한다. 서로를 존중하는 말은 따스한 햇살이지만, 서로를 공격하는 말은 상대를 해치는 흉기다. 토론의 기본정신은 상대를 존중하는 마음이다. 토론은 공격과 방어가 난무하는 전투가 아니라 따스한 햇살과 온화한 바람이 오가는 봄날의 상쾌한 외출이다.

부모 자식 사이에 토론은 불가능한 걸까? 서로를 존중하며, 반대 의견을 나누는 모습은 기대하기 어려울까? 왜 생각이 다르면 꼭 싸우려고 할까? 민주공화국 대한민국에서 민주시민을 길러내야 할 학교와 가정이 왜 싸움꾼 아이들만 찍어내는 걸까? 안타까운 현실에 가슴이 답답했다.

둘째, 말 뒤에 숨은 진실

이 책에서 나는 '그 어떤 논리도 반박은 가능하다'는 점을 여러 번 강조했다. 실제로 이 말은 사실이다. 토론 대회에서 사용해 승리를 거머쥔 논리도 내가 반대 편 토론자였다면 충분히 반박을 할 자신이 있다. 모든 논리에 반박이 가능한 건 그게 단지 말이기 때문이다. 인간의 말은 너무나 변화무쌍하여 어떤 상황에서도 반대 논리를 만들어 낸다. 아무리 잘못해도 핑곗거리가 존재하듯이.

그러나 처지로 가면 다르다. 현실에서 논리가 맞서는 건 생각이 다르기 때문이기도 하지만 본질적으로는 처지가 다르기 때문이다. 사람은 자기 처지에서 세상을 본다. 물론 예외도 존재하지만 대부분 그렇다. 그러니 논리가 팽팽히 맞서거나, 그럴 듯한 논리인데 의심스런 마음이 들면 그 사람이 처한 처지를 봐야 한다. 그게 논리의 진실성을 확인하는 가장 좋은 방법이다.

그 사람의 처지를 이해하면 그 사람이 그렇게 주장할 수밖에 없는 이유가 보인다. 설득과 반박은 바로 그 지점에서 시작된다.

셋째, 민주주의의 단점을 즐기자

민주주의는 엄청난 결함을 지녔다. 민주주의는 혼란스럽고 비효율적이다. 귀찮음도 이겨내야 한다. 끝없는 혼란과 어지러움이 민주주의의 가장 큰 약점이지만, 민주주의의 가장 큰 장점이기도 하다. 전체주의엔 혼란과 갈등이 없다. 사회가 일치단결한다. 그러나 바로 그 장점이 세상을 파멸로 이끈다. 하나의 진리만이 옳다고 여기는 사회는 늘 수백만의 생명을 파괴하는 잔혹한 범죄를 저질렀다.

사람은 다르다. 다르기 때문에 시끌시끌, 중구난방으로 말이 나온다. 그래서 민주주의는 시끄럽다. 그 시끄러움이 정말 문제라고, 무조건 조용하게 일을 처리하자고 하는 사람은 민주주의를 부정하는 사람이다. 갈등의 힘겨움, 토론의 힘겨움이 바로 민주주의의 본질이다.

이제 시끌시끌한 말의 축제를 즐기자! 토론은 즐겁고, 민주주의는 신 난다!

메마른 대지를 적시는 단비와 같은 삶을 꿈꾸며

時雨

243

No.01

나는 밥 먹으러
학교에 간다

글 박기복 | 값 8,800원

No.02

일부러 한 거짓말은
아니었어

글 박기복 | 값 8,800원

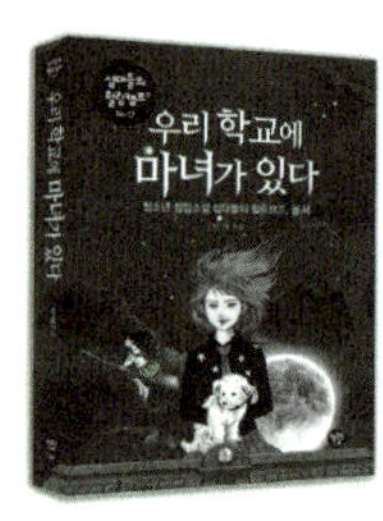

No.03

우리 학교에
마녀가 있다

글 박기복 | 값 8,800원

No.04

소녀,
사랑에 말을 걸다

글 박기복 | 값 9,800원

No.05

소년 프로파일러와
죽음의 교실

글 박기복 | 값 10,000원

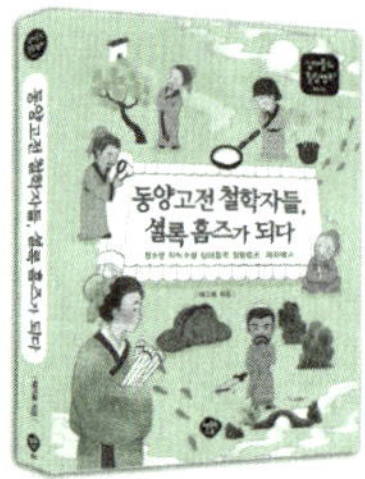

No.06

동양고전 철학자들,
셜록 홈즈가 되다

글 박기복 | 값 10,000원

No.07

수상한 고물상,
행복을 팝니다

글 이서윤 | 값 9,800원

[십대들의 힐링캠프®]가 전하는
소설 안에서 행복과 힐링을 만나보세요!

No.08

뉴턴 살인미수 사건과 과학의 탄생

글 박기복 | 값 10,000원

No.09

신화 사냥꾼과 비밀의 세계

글 박기복 | 값 10,000원

No.10

내 꿈은 9급 공무원

글 박기복 | 값 10,000원

No.11

일진놀이

글 박기복 | 값 10,000원

No.12

소년 프로파일러와 뱀파이어 학원

글 박기복 | 값 10,000원

No.13

토론의 여왕과 사춘기 로맨스

글 박기복 | 값 10,000원

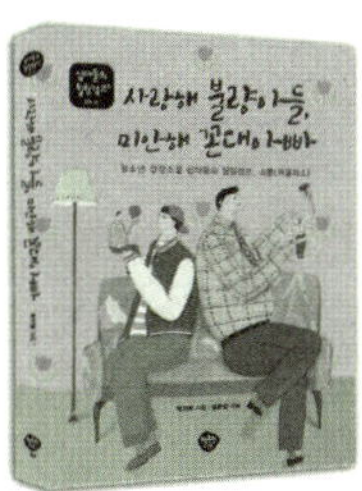

No.14

사랑해 불량아들, 미안해 꼰대아빠

글 박기복 | 값 10,000원

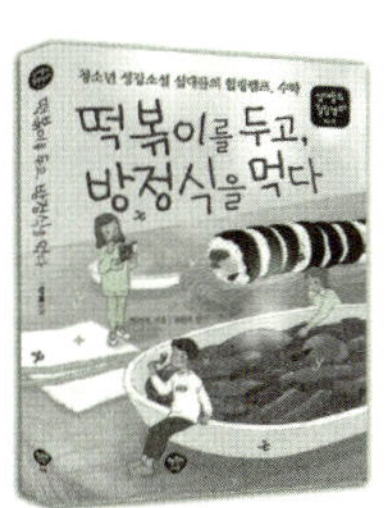

No.15

떡볶이를 두고, 방정식을 먹다

글 박기복 | 값 11,000원

대한민국 십대를 위한
힐링캠프 시리즈를 만나보세요!

❶ 나는 밥 먹으러 학교에 간다

박기복 지음 | 8,800원

★ 2016년 한국출판문화산업진흥원 청소년 권장도서

★ 2016년 행복한 아침독서 추천도서

★ 문화체육관광부 청소년 북토큰 도서 100 선정

★ 한국출판문화산업진흥원 전자책 제작 지원(2016년 텍스트형)

> ## "수요일의 특별한 급식처럼 맛있는 소설
>
> 따끈따끈하게 갓 구운 식빵에 악마의 맛이라는 누텔라잼을
> 흠뻑 바르고 그 위에 마시멜로우를 올리고 살짝 데운 뒤,
> 식빵을 반으로 접어 한 입 베어 물고,
> 따끈따끈한 우유를 한 모금 마시고 의자에 등을 기댄 후,
> 하~ 좋다! 는 말이 저절로 나오는 맛있는 소설 "

행복한 나무
경기도 남양주시 도농로 34 부영e그린타운 301동 301호(다산동) 전화 (02) 322-3856 팩스 (02) 322-3857 홈페이지 http://www.ihappytree.c

❷ 일부러 한 거짓말은 아니었어

하얀 거짓말은 괜찮을까요?
"우리 모두에게 묻습니다. 우리는 거짓말이라는
단어 앞에서 당당할 수 있을까요? 우리들의 첫
거짓말은 언제였을까요? 놀고 싶지만 엄마를
실망시키기 싫었던 초등학교 시절의 거짓말이 그
시작이었을까요?"

박기복 지음 | 8,800원

❸ 우리 학교에 마녀가 있다

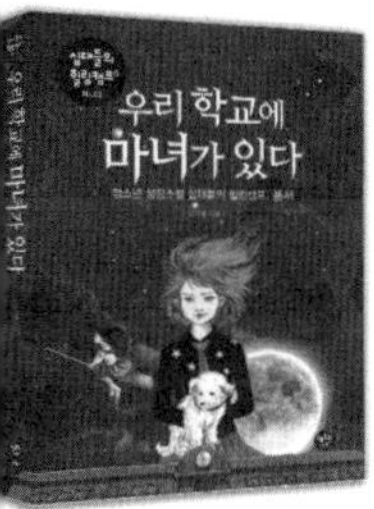

마녀는 어디에나 있습니다. 나도, 그리고 당신도!
"나도 모르게 쏟아낸 친구에 대한 저주가 나를
마녀로 만들 수 있습니다. 절대 용서할 수 없다는
마음이 친구뿐만 아니라 나의 가장 가까운
사람에게도 독이 될 수 있습니다.

박기복 지음 | 8,800원

❹ 소녀, 사랑에 말을 걸다

사랑은 내가 모르는 나를 알게 해 주는 거울이다!
"공부도 사랑도 어려웠던 적이 있습니다. 그리고
그 시기를 지나 엄마와 아빠 자리에 있습니다. 우리
아이들 역시 지금이 그 시기입니다. 사랑은
어른으로 가는 엄숙한 길이며, 그 길 위에 서 있는
우리 아이들을 응원해 주세요."

박기복 지음 | 9,800원

10만 독자가 선택한
시우샘(박기복)의 베스트셀러

국어 어휘력 만점공부법　　**고사성어 만점공부법**

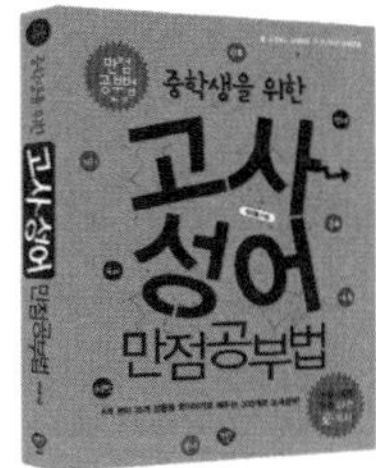

박기복 지음 | 14,800원　　　　박기복 지음 | 15,800원

국어 독해력 만점공부법　　**유쾌한 한국사 콘서트**

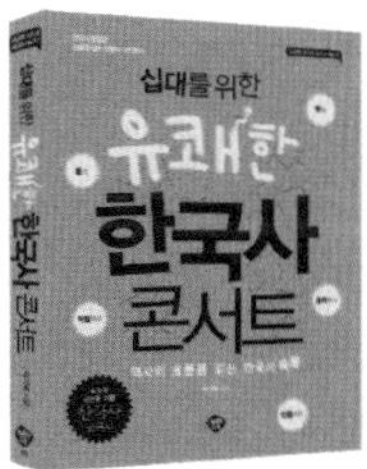

박기복 지음 | 15,800원　　　　박기복 지음 | 13,800원

토론의 여왕과 사춘기 로맨스

청소년 성장소설 십대들의 힐링캠프, 토론

글 박기복 | 값 10,000원

토론의 여왕 마음 훔치기, 윤호는 짝사랑하는 진주의 마음을 얻을 수 있을까?

주인공 윤호에게 요즘 아무에게도 말하지 못할 고민이 생겼다. 그것은 같은 반 친구인 진주를 좋아하게 된 것. 사랑은 사고처럼 어느날 갑자기 찾아온다지만, 평소 말도 잘하고 잘난척도 잘해서 정말 싫어했던 진주를 좋아하게 될 줄은 꿈에도 몰랐다. 윤호는 진주의 마음을 얻을 수 있는 방법을 고민하다가 진주가 만든 고전 독서토론 동아리에 가입한다. 평소 책이라면 만화책도 보지 않던 윤호, 그런 윤호가 짝사랑하는 진주에게 잘 보이려고 수면제 같은 고전을 읽게 되고 전혀 논리적이지 못한 논리를 위해 고군분투한다.

풋풋한 사춘기 로맨스를 시작한 윤호는 과연 진주의 마음을 얻을 수 있을까? 사랑 때문에 책을 읽고 토론을 배우는 윤호의 좌충우돌 '토론의 여왕 마음 훔치기 프로젝트'에 빠져보자!